U0627785

梦断马奇诺

北京联合出版公司
Beijing United Publishing Co.,Ltd.

原著◎[法]埃莱纳·德珀雷　编译◎林　顶

图书在版编目 (CIP) 数据

梦断马奇诺 / 原著：[法] 埃莱纳·德珀雷；编译：林顶.
– 北京：北京联合出版公司，2004.6 (2021.3 重印)
（二战经典战役全记录） ISBN 978-7-80600-892-8
Ⅰ. 梦… Ⅱ. 埃… Ⅲ. 第二次世界大战战役 (1939 ~ 1945) – 史料
Ⅳ. E195.2

中国版本图书馆 CIP 数据核字 (2004) 第 029925 号

二战经典战役全记录

梦断马奇诺

THE INVASION OF FRANCE

原　著 /［法］埃莱纳·德珀雷
图　片 / 由 **getty**images 授权出版
编　译 / 林　顶
责任编辑 / 萧　笛
出版发行 / 北京联合出版公司出版
（地址：北京市西城区德外大街 83 号楼 9 层　邮编：100088）
印　刷 / 三河市兴国印务有限公司
开　本 / 710×1000mm　1/16
字　数 / 262 千字
印　张 / 19
版　次 / 2004 年 6 月第 1 版　2021 年 3 月第 7 次印刷
书　号 / ISBN 978-7-80600-892-8
定　价 / 56.00 元

目 录

C O N T E N T S

第4章 低地国家的覆亡 / 99

作为法国这道大餐的餐前小吃，对于吃掉荷兰和比利时，希特勒也丝毫不敢大意，事先他就进行了周密详细的计划……德军袭击了本国的一所大学城，反诬比利时和荷兰……希特勒命令德军对鹿特丹实行"地毯式"轰炸……埃本·埃马儿要塞是艾伯特运河防线上的一把"锁"……

第5章 硝烟外的故事 / 129

"张伯伦滚蛋"的吼声响彻英伦三岛……丘吉尔说："我能奉献给你们的只有鲜血、劳苦、眼泪和汗水"……丘吉尔问："机动部队在哪里？"甘末林摇摇头，"一个也没有。"……法国要求英国增派战斗机中队，英国内阁同意增派十个战斗机中队……贝当向佛朗哥说："我的祖国战败了，所以召我去缔结和约与签订停战协定。"……魏刚制定了一个与甘末林的"第十二号秘密手令"内容相同的"魏刚计划"。

第6章 魂系敦刻尔克 / 157

由于德军行进速度飞快，盟军的一些后退部队有时会糊里糊涂地加入德国人的行列，但很快也成了俘虏……"德军装甲部队撤至阿尔贝运河以远的地方待命"，这个命令是由多个因素造成的……英国陆军部通知戈特：今后的任务是"尽可能撤出最大数目的军队"……小型船只的集结……

第7章 哭泣的凯旋门 / 197

希特勒吹嘘这是"历史上一次最大的战役"……来到"森林草地"，希特勒觉得这里空气格外清新……"魏刚防线"全面崩溃……

墨索里尼厚颜无耻地说："我只要付出几千条生命作代价，即可成为战争参加者坐到和会的桌旁。"……贝当平静地回答丘吉尔："在那个时候我可以调动60个师以上的大军，可是现在一个师也没有。"……丘吉尔再访法国，雷诺提出单独媾和问题……"我决定在巴黎的前面作战，在巴黎的城里作战，在巴黎的后面作战。"……随军的美国记者写道："在6月14日进入法国举世无双的首都——巴黎时，没有比这种使我心中更难磨灭的经历了。"

第 8 章 法国败降 / 227

法国前总理宣称："我们的体系虽然不宜于进攻，但在防守方面却是呱呱叫的。"……马奇诺不可战胜的神话彻底破灭了！……雷诺辞职，贝当组阁……6月17日，戴高乐逃亡英国。飞机飞上了蓝天，腾空而去。机场上的人大为吃惊，但已无可奈何……贝当内阁向全国人民呼吁"我们必须停止这场战斗"……接到法国政府的停战要求，希特勒并不急于答复，他的葫芦里卖的什么药呢？……6月19日清晨，贝当政府终于等到它梦寐以求的时刻。希特勒通知法国："准备一俟得知法国代表团人员名单，就宣布停止敌对行动的条件。"

第 9 章 又见贡比涅 / 251

福煦列车旁的花岗石碑上刻着："1918年11月11日，以罪恶为荣的德意志帝国在此屈膝投降……被它企图奴役的自由人民所击败。"……傲慢专横的德国人没有做出丝毫让步，却冷酷地发出最后通牒……这是希特勒一生中最激动的时刻，谁也不会理解这胜利对他意味着什么……希特勒来到拿破仑的石棺前，他脱帽伫立，一副毕恭毕敬的样子……崩溃后的法兰西，究竟是怎样的呢？……人们会问："是谁打败了法国？"那么，就让历史老人来作答吧！

第 10 章 自由法国运动 / 279

丘吉尔评价道："戴高乐在这架小小的飞机里载着法国的光荣离去了。"……在法国，人们称戴高乐为"6·18英雄"，"6·18英雄"说："事情已经定局了吗？希望已经没有了吗？失败已经确定了吗？没有！"……在离开卡萨布兰卡之前，戴高乐草拟了一个简短的公告："这个目标就是彻底打败敌人，从而赢得法国的解放和人类自由的胜利。"

引 言　　　P R E F A C E

　　1918 年 11 月，法国人在他们的贡比涅森林自豪地接受了德国人的投降，他们向德国人提出了十分苛刻的停战条约。胜方代表法国福煦元帅高傲地对前来谈判的德国代表说："你们来干什么？先生们！"

　　在德国人签订投降书的地点——贡比涅森林的福煦列车附近，竖立着一块三尺高的花岗岩石碑，上面用法文刻着这样的字句："1918 年 11 月 11 日，以罪恶为荣的日耳曼帝国在此地屈膝投降——被它试图奴役的自由人民所摧毁。"

　　战胜者对战败国德国的苛刻勒索，埋下了复仇的种子。德国人在忍受痛苦的同时，暗暗地积攒力量，他们准备在适当的时机，卷土重来。

　　法国元帅福煦事后说："这不是和平，这是二十年休战。"历史无情地嘲笑着这些曾经战胜的人们。1939 年 9 月，希特勒重新在欧洲掀起大战，欧洲大陆的人民再次陷入了灾难和痛苦中。这一次，德国人的势头来得比上一次更加猛烈。

　　一战之后，法军的军事指导思想是以防守为核心的消耗战略，部队平时的军事训练也是以防御为主的。但他们却忘了毛奇元帅的那句名言："不能忽视以往战争的经验，但必须牢记，它不能成为当今时代的规范。"法军的消耗战略决定了阵地战的主导地位，部队在作战中被这种单纯防御理论所深深禁锢，墨守成规，缺乏机动和应变能力。

英国人富勒、利德尔·哈特提出了"机械化战争"理论之后，在坦克的使用方式上出现了两种对立的观点：一些人主张"分散使用"，另一些人主张"集中使用"。后者的观点无疑是更为先进的坦克运用思想，其代表人物便是德军的著名将领古德里安。

时间飞跃了20多年，二战爆发之前，法军统帅部不能把握战争的趋势，而是在上次大战的胜利光环中迷失了自己。他们梦想依靠马奇诺防线，再复制出一个新的"凡尔登保卫战"来。从他们保守的头脑里演绎出来的，是一系列陈旧的思想，如"分散使用坦克"、"建立连续不断的正面防线"等。

法军的将领们大多思想保守，被曾经带给过他们荣誉的旧观念所深深禁锢，新的人才和军事理论根本无法得到重视，这使得法军领导层的观念"整整落后了二十年"！到1940年，法军——这支拥有"欧洲最强大陆军"称号的军队已经名不副实了，"法国人虽然会保卫自己的国土，但普遍对未来的发展缺乏信心"。老化的指挥观念已经使法军在与富于攻击性、士气高涨的德军交锋之前处于被动之中了。

法国人在等待战争，而战争早已遥遥领先于法国人了。岁月无情，正是要遗弃他们，将他们抛留在失败的彼岸。

另一方面，纳粹德国仅用了七年的时间，就迅速完成了军备的扩充和重整。从1933年到1940年，德国国防军总人数已由10万猛增到400余万，成为了欧洲最为强大的战争机器。这个战争机器正等他们的元首一声令下，就会向欧洲大陆发动如潮的攻势。

1939年，德国征服波兰后，希特勒曾向英法提出和平建议，但为英法所拒绝，于是希特勒便决心用实力来压迫英法求和。

1940年的夏天，美丽的法兰西大地、欢乐的巴黎城，将要迎来它们命运中的浩劫。希特勒早已决定了要向西欧发动战争,"因为英法的陆军尚无准备。"

这个时候,在欧洲大陆的那一端,苏联和德国签订了"永不打仗"的条约,遥远的太平洋彼岸,美国不动声色,一副袖手旁观的姿态;法国坚实的盟国英国呢,正在它们张伯伦内阁的绥靖政策中冥思苦想着,蹒跚地行走着。而意大利的墨索里尼呢,正假惺惺地劝慰希特勒不要进攻西方,他说:"那些民主大国本身就带有令他们的果实腐朽的种子。"

埃菲尔铁塔矗立于蓝天之下,等待着辉煌的旗帜飘扬其上,巴黎协和广场上一片阳光明媚,等待一场新的历史大幕拉开;凯旋门静静地守候在时间的路口,等待着战胜者列队从它的胸膛间穿过……

第 1 章

CHAPTER ONE

从"黄色方案"到"镰割"计划

"因此不要等待敌人上这里来，而要向西方进攻。愈快愈好""打垮西方强国的优越地位，使德意志民族获得发展空间"……"没有一个高级指挥机关认为最高统帅部下令实施的进攻是有胜利把握的"……"我至少感觉到这是一种耻辱"……曼施坦因说：希特勒"简直像精灵似的理解得非常快"……希特勒说："只有曼施坦因是理解我的"……在1940年，德国人甚至知道，法国人虽然会保卫自己的国土，但他们对未来的发展却毫无信心。

☆ "黄色方案"

1940 年夏天，德军占领波兰之后，进攻目标迅速转向了西欧。其实，依照希特勒的既定方案，西欧早就在其进攻计划之中，只是需要选择更好的入侵时机和主攻方向而已。早在 1939 年 11 月，在希特勒的指令之下，陆军总司令部就匆忙制定了进攻西欧的"黄色方案"，后来由于各种原因，德军采取了"黄色方案"的修正方案——曼施坦因计划，他们于 1940 年 2 月 24 日颁发了此训令，并最终决定将于 1940 年 5 月 10 日进攻西欧的法、比、荷三国，第二次世界大战将要拉开新的帷幕。

希特勒进攻西欧之心早已有之。由于英法与波兰之间有协定，1939 年他根据德军进攻波兰将导致英法摊牌的判断，向他的高级将领指出，要占领荷兰和比利时，击败法国，为对英作战奠定基础。但 1939 年德军需集中精力对付波兰，希特勒尚无暇进攻西欧。进攻波兰期间，希特勒指示德军在西线要慎重行事，尽量采取守势，目的是避免双线作战。

1939 年 8 月 31 日希特勒签署的《第 1 号作战指令》是这样说的：

在西线，重要的是，让英国和法国单方面承担首开战端的责任。对于侵犯边界的小规模活动，暂时仅以局部行动应对之。

对荷兰、比利时、卢森堡和瑞士的中立，我们曾经给予保证，必须认真予以尊重。

没有我的明确同意，不得在陆地上的任何一个地点越过德国西部边界。

可以看出，当时希特勒对进攻西欧是没有把握的，他期望在他同波兰战争的期

▲ 在英国对德政策的态度上，丘吉尔是政府中的"强硬派"。

间，英法能够持观望态度。而后来所发生的事情恰好是他所指望的，英法联军在呆呆守望中等候他打赢了德波战争，并似乎将继续等待下去。

当时，由巴塞尔到德国卢森堡边界的正面长达400公里，而由那里到韦瑟尔西北的莱茵河还有250公里的长度。在这一拉得很长的正面上进行防御的是由德军冯·勒布上将指挥的"西方"集团军群，共辖8个基干师和25个后备师。无论从技术装备上看，还是从战斗训练上看，这个集团军群的战斗力都不是很充分的，它们甚至没有坦克兵团。德国的齐格菲防线远不如法国的马奇诺防线坚固，且有一部分尚在构筑之中，对于决心进攻的敌人而言，绝非不可逾越的天险。

德军兵力的分布情况是这样的：由多尔曼上将指挥的第7集团军沿着巴塞尔到卡尔斯鲁厄这一段的莱茵河部署；由维茨莱本上将指挥的第1集团军占领了在莱茵河至卢森堡边界的西方壁垒；由伦德施泰特将军指挥的A战役集群，则部署在韦瑟尔以南、德国与各中立国之间的边界上。

正如丘吉尔在自己的回忆录中所说的：

> 自从慕尼黑危机以来，德国的实力虽然已有巨大的增加，但在波兰未被征服之前，德国最高统帅部对于他们在西线的局势，仍然非常焦虑，只是希特勒的专职权力和坚决意志以及由于他的政治判断得到证实而产生的威望，才怂恿或迫使将军们去冒他们认为不应该冒的险。

波黑战争爆发后，法国于9月3日宣战，但它的战略是非常消极的，只打算防守法德边境。法国军队开到了马奇诺防线上，同时在它后面部署了兵力不多的"掩护军"，但它们并不打算对德国开战。英国远征军则在10月份的第一个星期才到达两个师，另两个师更晚到达，它们到达时德波战争已结束，英国军队的这种援助后来被丘吉尔称之为"象征性的贡献"，这也是法国人不开始进攻行动的原因之一，但更可能的是，法国人害怕德国人巨大的空中优势，所以他们避免以任何积极行动去进行战争。

英法盟军想保持这种不战不和的消极状态，可是德国人不愿意了。征服波兰后，希特勒即敦促其高级将领们着手实施进攻法国的准备，因为按照希特勒的说法，德国进行这次大战的目的就是要"打垮西方强国的优越地位，使德意志民族获得发展空间"。

当德国入侵波兰的胜利已成定局之时，希特勒就把目光再次转向西欧。1940年9月12日，他对自己的副官施蒙特上校说，他确信法国很快会被征服，然后迫使英国议和。9月27日，他在柏林召开的大会上强调说："战争的目的是迫使英国投降并击溃法国"，他指出时间拖长于德国不利，打算在近期内进攻西欧，他认为在西线尽快实施进攻是有利的，"如果我们现在不争分夺秒，那么，时间总的说来将不利于我们。敌方的经济潜力比我们大……在军事上时间也于我不利。因此不要等待敌人上这里来，而要向西方进攻……愈快愈好。"

可是，德国陆军总司令布劳希奇大将不同意希特勒的看法，他认为，如果德军急于在西线作战，则很可能陷入两线作战的艰难境地。从政治上考虑，他担心进攻西欧要破坏德国郑重保证的比利时及荷兰的中立，这将加剧各国对德国的仇视。但是以政治的理由去说服希特勒是徒劳的，布劳希奇于是陈述了自己对于作战的军事疑虑，他说到，刚经过德波战争的德军主力迫切需要调整和进一步训练，同时后备军也未做好战争准备，弹药也恐怕供应不及。他认为此时进攻西欧恐怕难以取胜。

布劳希奇的这些话刺到了希特勒的痛处，使得两人之间的矛盾愈加尖锐起来，这种分歧一直遗留下去，并在后来的德军战役领导工作中慢慢地显现了出来。

希特勒的政治手腕是很高明的，他利用英法联军消极避战的心理，大放"和平"的烟雾弹，以掩护他新的作战准备。于1939年9月19日，在但泽宣称没有同英法打仗的意图后，希特勒又于10月6日在德国国会向英法提出"和平"建议，很不幸的是，他的"和平"建议再一次遭到了拒绝。但英法盟军的这次拒绝也许恰恰中了希特勒蓄谋已久的圈套。

▲ 希特勒向他的高级将领凯特尔（左二）、哈尔德（右二）、布劳希奇（右一）灌输如何通过"黄色方案"，以实现他在西部的雄心。

希特勒的战争决心一下，是容不得任何反对意见的。尤其是当他的"和平"建议没有得到响应之后，他的战争意图更加明显了。他在1939年10月9日签署的第6号作战指令，便是关于西线进攻准备的指示，《指令》中要求德军做好进攻西欧的一切准备：

一、如果在最近能断定英国和在其领导下的法国不愿结束战争，那么我决心不久即采取主动的和进攻性的行动。

二、较长时间的等待，不仅会导致比利时的、也许还有荷兰的中立态度偏向西方列强；而且会使我们的敌人的军事力量不断得到增强，使

▲ 在对波兰和法国入侵前，德军古德里安将军（左一）正参观一处训练基地。

中立国家对德国的最终胜利失去信心；另外，也无助于促使意大利作为
军事盟国站到我们一边。

……

关于此次进攻的时间，希特勒没有具体下达，他只是告诫将领们说，不能开始
得太早，但是只要有可能，无论如何必须在今秋行动。陆军将领们对此深怀疑虑，
考虑周密的第6号作战指令也不能够使他们兴奋起来。尤其是正在和法军对峙的集
团军司令冯·勒布将军，他认为德军在西线的进攻无疑会遭到重创的，会后第2天，
他匆匆写了一份长长的备忘录，分送给陆军总司令布劳希奇等，指出德军若自毁诺
言进攻中立的比利时和荷兰，是违背道义的，将遭到全世界的一致反对。

希特勒十分不屑他的陆军将领们的这种迂腐和怯懦，他需要的是不断的胜利，
而不是遵守什么诺言。他现在最迫不及待的是要发动进攻，用他的铁骑碾过西欧。
他讨厌陆军将领们这种拖沓的态度。10月18日，他又制定了第7号作战指令，对
德军进攻西欧前的作战方针作了补充规定：

对于在进攻计划开始付诸实施之前同西方敌人作战的现行方针，特
做如下补充：

一、　　允许立即采取下述行动：

陆军：

派出侦察小分队越过法国边界；但这种行动只是为进行侦察和同企
图避开我军之敌保持接触所必需的。

……

此号指令允许陆军侦察小分队越过德法边境；空军的歼击机为战争提供空中掩
护或攻击英国海军力量；海军攻击敌人有护航队护航的或闭灯行驶的客轮；海空军

密切协同，利用每一个有利时机攻击英国的海军力量。如果英法联军向比利时开进，德军可以进攻卢森堡。

11月5日，布劳希奇和哈尔德将经过视察后得到的结果，连同他们自己的意见汇集成一本备忘录，呈给希特勒，并向他一一讲解了德军当前存在的困难，但希特勒对此丝毫不予理睬，甚至朝他们大声嚷叫道："这绝对不行，战争必须立即执行！"他坚持要在11月12日向西线发动攻击。

但是11月7日，比利时和荷兰这两个中立国发表了一个联合声明，表示愿意为维护和平而作出努力。这使希特勒处于一个尴尬的境地，他只好延缓了他的进攻计划。接着，他于11月20日发布了第8号作战指令：

一、为了使业已开始的展开行动能不断地继续进行，必须保持战备状态。只有如此，才有可能及时利用有利的天气形势。

国防军各军种须有这种准备，即如果命令在A日前一天的23时才到达各总司令部，进攻仍有可能停止实施。最迟在这一时间，代号为"但泽"（原为"莱茵河"，即实施进攻）或"奥格斯堡"（原为"易北河"，即停止进攻）的命令，将下达到各总司令部。

请陆军总司令和空军总司令在进攻日确定之后，立即将双方商定的进攻开始时间报告给国防军统帅部、国防处。

二、在未下达特别命令的情况下，一俟总攻开始，计划对荷兰采取的所有措施即可付诸实施，而不受以前发布的指令的限制。

事先不可无视荷兰国防军的态度。如不出现抵抗，可使这次进军具有和平占领的性质。

……

指令中还表示，根据敌情变化，要将作战的重点由B集团军群方向转向A集

▲ 德军老资格的职业军人伦德施泰特元帅。

团军群方向，作战的程序在书面上全面展开了。只是天公不作美，天气一直十分糟糕，一再地延迟了作战计划的执行。此时，希特勒为了消除将领们对西欧作战的疑虑，增强他们的作战信心，使他们具有大战前夕所必须具有的劲头，即于11月23日召集了他的重要将领，就当前战争的形势和目标发表了长篇演说。

他声称，67年以来，德国第一次可以不在双线作战；由于苏联的削弱、苏德条约的签订和美国的中立法，苏美两国目前不构成威胁；与英法相比，德军在现役部队、空军、装甲兵和炮兵等方面占有很大优势；总之，"目前是有利时机，6个月后则不可能再如此。"

但是，希特勒的三寸不烂之舌并没有使他的将领们增加什么信心。陆军总司令布劳希奇、总参谋长哈尔德同大多数高级将领一样，不相信德军的兵力和新式武器占有压倒优势，他们担心进攻西欧会导致巨大风险。然而，他们无力阻止希特勒的行为。

根据希特勒的第6、7号作战指令，德军陆军总司令部于1939年10月19日，出炉了进攻西欧的第一个作战计划，这一作战计划便是所谓的"黄色方案"。该方案规定，德军主要进攻兵力集中在其右翼，其任务是向比利时和法国北部实施主要突击，并占领英吉利海峡的沿岸港口。这一方案和第一次世界大战前著名的"施利芬计划"既有某些相似之处，也有所不同。"施利芬计划"的目的是在占领英吉利海峡各港后实施大规模迂回，使德国的右翼军队通过比利时和法国北部，越过塞纳河，在巴黎以南折向东方，以围歼法军主力，迅速摧毁法国的武装抵抗。而在1939年制定的进攻西欧的"黄色方案"，其目标则比较有限，主要企图是占领英吉利海峡沿岸地区和海军基地，以便切断法军与英军之间的联系，不断骚扰和封锁英国本土，以迫使英国求和。

依照"黄色方案"，德国陆军主力在北翼集结。

拥有37个师（其中包括8个坦克师和2个摩托化师）的B集团军群应在北翼实施主要突击，占领布鲁塞尔以北和以南的地区，然后不失时机地向西进攻，迫使敌军从安特卫普向布鲁日和根特地区撤退。

德军集团的左翼是 A 集团军群，拥有 27 个师，任务是从南面掩护主要方向的进攻，以其右翼在那慕尔以南渡过马斯河，然后向桑布尔河以西的方向扩大突破口。

在南方，拥有 25 个师的 C 集团军群最初不参加进攻，它将在法国－卢森堡边界到瑞士建立防御正面。

德军原定于 1939 年 11 月 12 日进攻西欧，后因天气不好以及部队准备不足而一再推迟，并在 1939 年 10 月 29 日和 1940 年 1 月 30 日，对"黄色方案"进行了两次局部的修订。

德军的一些高级将领对这个方案有看法，他们认为，"黄色方案"将主攻方向选在比利时中部，助攻方向选在阿登山区，且把所有装甲师都配置在主攻方向，这样只能将联军击溃，而无法将其全歼在索姆河以北，同时会使德军陷入阵地战的危险之中。

德军将领们对此次进攻的消极态度也影响了"黄色方案"的执行，哈尔德在 1939 年 11 月 3 日的日记中写道："没有一个高级指挥机关认为最高统帅部下令实施的进攻是有胜利把握的。"在这些将领的消极作战情绪和糟糕的天气的影响下，希特勒只好一次又一次地延迟了作战时间，最终一直推迟到 1940 年 5 月 10 日。

在这一段时间里，进攻西欧的"黄色方案"也不断地改头换面，最终确立为进攻的方案是以曼施坦因的计划为主，人们通常将其称作"镰割"计划。

☆ 曼施坦因提交备忘录

曼施坦因 1887 年出身于普鲁士贵族军官家庭，1906 年开始服兵役，1914 年毕业于军事学院，第一次世界大战中先后在东线和西线作战。其后他长期担任参谋职务，参加了侵略波兰的战争，1939 年 10 月，被调任为准备进攻法国的 A 集团军群的参谋长。

▲ 手执元帅权杖的德国陆军元帅伦德施泰特。

▲ 德军士兵在一次演习中。

当对"黄色方案"进行详细研究之后,曼施坦因对这个方案的战略构想极为不满。他说:"照我看来,陆军总部的战略意图,就其本质而言,完全是模仿1914年著名的'施利芬计划'。我至少感觉到这是一种耻辱。我们这一代人居然不能做一件较好的计划来,还要去照抄老文章,尽管这是出自像施利芬那样的名家的手笔。"曼施坦因很有些不屑地对身边的参谋说:"更何况我们已经用过一次,我们的敌人对于这个计划已经有了充分的警觉。"

因此,从1939年10月到1940年1月,曼施坦因接连向德国陆军司令部提交了几个备忘录。他认为,"黄色方案"最大的弱点是仅仅以割裂英法联军为目标,而没有把歼灭法军主力作为目标。他最重要的一点认识就是:如果不在一次决战中彻底解决法国人,而只是求得一个有限的局部性胜利,则德国所投入的政治和军事赌注是不划算的,而"黄色方案"所导致的正是这种不合理的结局。

曼施坦因在他提交的备忘录中指出,法国阵地的弱点位于马奇诺防线的西北端,即马奇诺工事和联军机动地段的接合部,则德军主攻方向也应选在这一地区,即德军中路的A集团军群方面。他主张,将B集团军群的装甲摩托化部队拨给中路的A集团军群,A集团军群应由2个军团增加到3个军团,并在右翼B集团军群的帮助下,奇袭阿登山区,从而迂回围歼英法联军主力。他之所以把突破口选在阿登山区,是因为该处地形险恶,联军绝对想不到德军会在此发动进攻,想不到会在这里使用致命的装甲武器,这样就可以一口气冲到索姆河下游,切断已经部署在比利时境内的联军补给线,完全消灭敌人在比利时的整个右翼兵力,并且为在法国境内赢得决定性胜利做好准备。这就是二战著名的"曼施坦因计划"。

"曼施坦因计划"中最大胆的一个设想,是让德军装甲摩托化部队通过茂密崎岖的阿登山区,绕过法国坚固设防的马奇诺防线,对英法联军进行迂回奇袭。位于比利时境内的阿登山区,地势险要,为2,000多年来欧洲兵家的必争之地,在这条蜿蜒曲折的峡谷里曾发生过多次战争。古罗马的恺撒军团曾在这里同日耳曼部落做过殊死战斗,当恺撒大帝穿越其中黑黝黝的森林之后,曾心有余悸地说:"这是一个充满恐怖的地方。"

19世纪以来，法国统帅部包括欧洲的军界普遍认为："这是一个不能进行大规模军事行动的地方。"法军把全军最弱的一支部队——科拉普的第9军团派来驻防此处，这支部队武器装备低劣，其人员大部分由预备役人员组成。

在"曼施坦因计划"还未成型之前的1939年11月，曼施坦因就找到了德军的装甲兵专家古德里安，向他认真请教了自己对西线战争的看法。古德里安回忆起自己在第一次世界大战时，曾经在这里打过仗，对这里的地形十分熟悉，就向曼施坦因明确地表示，在这个地区集中使用德军装甲部队的计划是绝对可行的。同时古德里安对这个计划也补充了一个附带条件，就是德军所使用的装甲师和摩托化师，数目一定得够用。

但是，"曼施坦因计划"遭到许多德军高级军官的反对，德军统帅部作战处长约德尔认为：穿越阿登山区的行动是"一场连战神都会吃惊的赌博"。曼施坦因把他的备忘录连续上呈了6次，可是陆军总司令部、参谋总部基本都不予理睬，他们或许是嫉妒曼施坦因，或许是讨厌他，害怕曼施坦因提出与总部作战计划相反的意见。总之，他们搁浅了"曼施坦因计划"，没有将其采纳，也没有将其呈给希特勒。

而德军A集团军群总司令伦德施泰特将军，还有坦克专家古德里安等人对这个计划都表现出了极大的热心。伦德施泰特在"曼施坦因计划"上毫不犹豫地签字，并积极地向希特勒推荐这个计划，他一方面是相信它能出奇制胜，另一方面是如果执行这个计划，他的A集团军群就可以在进攻时担任主要任务。从某种程度上说，他的行为是不合于德国军事传统惯例的，因为只有陆军总司令和总参谋长才有资格向最高统帅部提出建议。

曼施坦因最初的意思是把自己的这个计划，变成陆军总部的计划，然后由他们向元首提出，如果被希特勒采纳，且又取得成功之后，无疑给陆军总部一次树立自己权威和博得希特勒好感的机会。但现在看来此路不通，他只能越级上报了。

恰在此刻，元首正在考虑修改原定进攻方案，"曼施坦因计划"快要有用武之地了。

1940年1月16日，希特勒决心改变原有方案，2月13日，他找到德军统帅部作战处长约德尔将军，和他作了一次长谈，主张出敌不意地将色当作为德军主突方向。

这个时候，曼施坦因已被调离了原来的职位。1月27日，也就是在西线德军在哥德斯堡举行军团指挥官会议后的两天，曼施坦因接获通知，说他已经被从A集团军参谋长的位置上调离，被任命为陆军第38军的军长，其军部刚刚在德国国内成立。

明眼人一看便知，曼施坦因的这个职位是明升实降，正当大攻势即将发动之际，却突然调动一个集团军的参谋长，让他脱离重要岗位，回到二线去，这分明是不重用的表现。确实，陆军总司令布劳希奇和参谋总长哈尔德对作为下属的曼施坦因一再与他们顶撞，不断提出不同意见，实在是感到厌烦，所以一旦找个机会，就急着把他给撵走了。

2月7日，曼施坦因强忍心中的不快，又在集团军总部按照自己的计划进行了一次沙盘演习，沙盘演习结束之后，A集团军群总司令伦德施泰特就当着所有参加演习人的面，向曼施坦因致谢。这位老派绅士很动感情地称赞了曼施坦因在南方集团军和A集团军参谋长任内的功绩，然后宣布他的参谋长将去从事另一项同样重要的任务——编练新军。

他在这种场合这样的措辞，使曼施坦因深受感动。A集团军中的布歇将军、利斯特将军和古德里安将军对曼施坦因的离任也表示了真诚的悲哀和同情。

2月9日，曼施坦因交割了集团军中的事务，黯然神伤地离开了科布伦兹集团军司令部，回到了在李格尼兹的家中。

2月17日，在家中修养了一个星期之后，曼施坦因奉召前往柏林，以新任军长的身分向希特勒报告。这可能是老部下特雷斯考的努力，他通过希孟德为曼施坦因找到了一个当面向元首希特勒陈述他的计划的机会。一同召见的还有其他的新军长，他们共同前往柏林接受元首的赐宴。

在赐宴的时候，照例是希特勒一个人说话，大家不过是随声附和而已。其时，这样的赐宴主要是为了表示一种荣誉，宴席本身并无多少可食的佳肴。

▲ 德军正在积极备战。

宴会结束，当曼施坦因等人起身告退之际，希特勒派人请曼施坦因留下，并随他往元首的书房中去，在那里，希特勒请曼施坦因把他对于西线的作战计划的个人见解说给自己听。于是曼施坦因就原原本本地把他的计划陈述了一遍。希特勒对于曼施坦因的设想，理解得非常快并表示完全同意。

希特勒自认为是个战争天才，他对各种出人意料的、大胆的战争预想很感兴趣，他认为曼施坦因的计划很合自己的想法，并对此表示十分赞同。曼施坦因后来回忆说：希特勒对自己的陈述"简直像精灵似的理解得非常快"。

德国元首一旦转而支持一项新的主张，就很快认为那是他自己想出来的主意。他给曼施坦因记了一功，但只是说曼施坦因同意他的意见："凡是听我谈过西欧新计划的将领，只有曼施坦因是理解我的。"

在这次谈话之后，曼施坦因十分激动，他立即把他与元首谈话的内容写了一个报告，送给A集团军总部作为参考。

他认为，用一支装甲部队突破阿登山区的森林，一定可以出其不意地给盟军以沉重的打击，因为他们的将领像大多数德国人一样，很可能认为这个多山的森林地带不适合使用坦克。德军右翼佯攻，吸引英法联军的主力，让他们慌乱奔赴比利时救援。而德军主力突破法军的色当阵地后，渡过马斯河，再沿索姆河北岸直趋英吉利海峡，和右翼协同，包抄英法联军的后路。这样，英法联军的大部和比利时军都将落入德军的罗网之中。

在这个报告的最后，曼施坦因说："元首对于上述的意见，完全表示同意。不久以后，就会有新的作战命令发布。"

送达了这个报告，曼施坦因觉得积压在心中许久的郁闷之气终于有所舒缓。

☆ "镰割"计划

1940年1月份发生的另外一件事，也促使"曼施坦因计划"走向历史舞台。

1940年1月10日，命运又来干预德军的计划。德国空降部队司令施图登特将军指派第7空降师的空军少校赖因贝格从明斯特飞往科隆，赖因贝格随机携带着一份"黄色方案"，将与德军第2航空队讨论作战计划的若干细节。

由于当时天气严寒，又有大风，当飞越冰冻雪封的莱茵河时，飞机在低云层和大雾中迷失了方向，汽油也用尽了，被迫紧急着陆。赖因贝格错误地把飞机降落在比利时境内的居民点梅克林附近，当三个比利时士兵匆匆赶来调查时，发现他正企图焚烧公文包里的文件，士兵们马上冲上去扑灭了火焰，夺下了文件。这个事件致使德军的作战计划至少有相当一部分落入了比利时人手中，西方国家也以此得知了德国的西线作战计划。这就是所谓的"梅克林事件"。

关于"梅克林事件"，许多文章都有提到此事的经过，但最简明扼要的是德国空降部队司令施图登特将军的叙述，他说："文件的重要部分，也就是德国进攻西

▲ 英国军官正在检查马奇诺防线上一座经过伪装的堡垒。

欧的计划大纲，落到了比利时手里。德国驻海牙的空军武官报告说，当晚，比利时国王同荷兰女王通电话，做了一次长谈。"

这次事件也影响了德军"黄色计划"的执行。希特勒刚听见这个消息时，十分愤怒，立刻把德军第2航空队的几个无辜官员撤职，并决定趁比利时人和法国人未作反应之前，按原计划于1月17日拂晓对它们发起进攻。

但是在1月12日，驻布鲁塞尔的武官们会见了赖因贝格之后，向柏林发来了一份急电，他们报告说：送信人所带的东西已经被烧成"微不足道的碎片，顶多只有巴掌那么大。"为了证实一下，戈林还焚烧了一叠同样厚的纸张作为试验。试验的结果还不能令他信服，于是，他便采用了其夫人的建议，请来一群"千里眼"为他作证。雇来的一群"千里眼"们运用异口同声地说，他们看见了，文件未存下一片纸片。

▲ 德军士兵匍匐在铁道旁伺机进攻。

他们的报告或许已令戈林宽心，但却不能令希特勒满意。当他认识到作战计划已泄露给了敌人时，他逐渐表现出一个领袖的冷静，他认定这时比利时和荷兰已有反应，法国也一定采取了相应措施，经过一番前思后想，他决定为了保证秘密和突然袭击，全部军事行动要重建新的基础。西线进攻因此便被无限期地推迟了。

由于当时西线出现一系列始料未及的事件，希特勒决定先将西线进攻的"黄色方案"放一放，他将目光转向了北欧，那里的丹麦和挪威岌岌可危。

尽管由于这些事件，德军的铁蹄暂缓了踏向西欧的时间，可是对于英法联军而言，这却不一定是一件幸运的事。捕获的情报被送往伦敦，在那里，人们对这份情报将信将疑。例如，哈利法克斯告诉内阁说："我非常怀疑这份文件是否真实。"总参谋部亦表示同意此说，认为这份文件显然是德军预先安排好的。

同盟国没有好好利用落在手中的警告，英法政府的军事顾问们都认为这是一个骗局，他们制定了自己的战争计划，却没有意识到这一情况，即：如果缴获的文件上的计划是真的，那么德军最高统帅部十有八九会把进攻矛头指向别处。他们将不再执行原计划。

于是，在制定作战计划时，同盟国达成了如下的三点共识：

其一，德军不可能正面强攻坚固的法德边境上的马奇诺防线；

其二，从南格威到那慕尔之间的阿登山地森林是兵家一向认为限制大兵团运动的地区，尤其对于装甲部队；

其三，德军的进攻方案不可能超出"施利芬计划"的范围，很有可能还是沿着上次世界大战的老路，把进攻的重点放在右翼，首先突入荷兰、比利时直抵海岸，然后一路扫荡，经比利时平原侵入法国境内。

他们的一切战斗部署便是在这三点共识下展开的，法军在阿登山区只部署了一些战斗力较差的部队，而将防御的重点放在战线的北端，即德军的右翼。

这正是希特勒求之不得的，因为很快他也要改变他的作战方案了。

作为希特勒在作战问题上的主要顾问，约德尔一直认为"曼施坦因计划"是一个大胆的、不无危险的计划，把这看成是疯子的狂想，一直未予理会，甚至在2月份，他对这个新计划仍然是这样评论的："向色当实施突然袭击，是一种可能使突击本身遭到失败的战役。"

但是希特勒力排众议，讥笑反对派为"施利芬崇拜者"，被裹在"僵硬如化石"的战略里，"你们该多读些卡尔·梅依的著作！"元首对这个作战计划的热情越来越高，约德尔也开始慢慢地赞成它了，并开始对计划作了改进和完善。

召见曼施坦因后的第2天，希特勒便召集陆军总司令布劳希奇和总参谋长哈尔德，命令他们以曼施坦因的建议为基础，立即制订出一个新的作战计划来。虽然布劳希奇和哈尔德强烈反对曼施坦因的建议，认为其所谓的"秘密"通过阿登山区，实在是一种疯狂的假设，它将使德国装甲部队的精华面临法军侧翼攻击，并可能导致全军覆没。但在希特勒的压力下，两位陆军首脑屈服了。于是，陆军总参谋长哈尔德奉命根据曼施坦因的建议重新制订对西欧的作战计划。

新的作战计划甚至比曼施坦因走得更远，为了在迪南和色当之间的马斯河实施决定性的突破，陆军总司令部决定进一步削减翼侧掩护兵力，而加强A集团军群的正面进攻，将强大的装甲兵力集中配置在该集团军群所属的第12和第16集团军的前方。希特勒对此表示了同意，并强调要迅速做好抵御法军从马奇诺防线后方出击的准备。

在元首的大力促成下，经过一定修正的"曼施坦因计划"昂然地走向了战争前台，而此时，这个计划的始作俑者曼施坦因正黯然地待在家中。

1940年2月24日，德国陆军总司令部下达了进攻西欧的作战命令，这个作战命令通常被称为"镰割"计划。新计划规定，德军应以一部兵力迅速攻占荷兰和比利时，将英法联军的主力吸引到这个方向；同时，以强大的装甲部队绕过马奇诺防线，出其不意地通过阿登山区，实施主要突击，在色当附近形成中央突破，进而直插索姆河口，在右翼的协同下，围歼被割裂的联军主力。

按照"曼施坦因计划"修改后的新西线作战计划——"镰割"计划，对德军的兵力作了如下调整：

1.两个装甲军（古德里安的第19军和魏特夏率领的第14军）由一个新成立的装甲兵团来指挥，军团司令为克莱斯特将军。

2.原属B集团军的第2军团改属A集团军。当第16军团向南包抄时，该军团立即插入A集团军的界内。

3.北部的B集团军，仍然留有3个军团的兵力，足以完成其在比利时北部和荷兰境内的任务。

陆军总司令部要求各部队3月7日之前完成作战部署，并在调动过程中采取伪装措施，尽量给英法联军造成仍按原计划行动的错觉。

这样，经过周密的部署，德军在西线的战争规模已然全面展开。在北部挪威战役行将结束的1940年5月，天气转暖的时候，德国人部署了世界上从来没有见过的强大兵力，整装待命，随时准备进攻西线。

德军沿德荷、德比、德卢和德法边界依次展开B、A、C 3个集团军群，总兵力为141个师（其中包括10个装甲师、4个摩托化师）、2,445辆坦克、3,700架飞机，另有运输机600架，75毫米和75毫米以上的火炮7,378门。

兵力配置上分为B、A、C 3个集团军群：右翼的B集团军群28个师（其中包括3个装甲师、1个摩托化师），由博克上将指挥，担任助攻任务，目的是进攻荷兰、比利时和卢森堡，以吸引英法联军的主力；中路的A集团军群64个师（其中包括7装甲师、3个摩托化师），由伦德施泰特上将指挥，担任中间突破阿登山区直冲英吉利海峡的任务；左翼的C集团军群17个师，由勒布上将指挥，其任务是佯攻马其诺防线，以牵制法军，使其不能北上增援并掩护突击集团的左翼。

为了使主攻方向上的突击力量及时得到加强，德国陆军司令部将51个师留作预备队，以便在适当时机增援到主攻方向上去。

▲ 德军Ⅱ型坦克行驶在波兰华沙的街道上。

德国空军的任务是夺取制空权，破坏敌军的指挥，直接支援进攻的部队。在陆军进攻前20分钟内，航空队要以约1/3的兵力轰炸对方靠近前线的机场、指挥部、通信中心和交通枢纽。进攻开始时，全力支援地面部队，特别是主攻方向上的装甲部队的进攻。

德国海军的任务是，直接或间接地支援陆军的进攻，在荷兰和比利时的沿海水域布雷，占领西弗里西亚群岛，并在北海、英吉利海峡进行破交战。

与英法联军相比，德军的有利条件是：有一个统一的指挥部，操持进攻的主动权；对侵略行动没有道德上的顾忌；特别的是他们有着使用新武器新战术的经验，他们知道如何更好地使用俯冲轰炸机和大量坦克。

在1940年的这个夏天，德国人甚至还知道，法国人虽然会保卫自己的国土，但他们对未来的发展却毫无信心。

第2章

CHAPTER TWO

"到齐格菲防线去晒衬衣"

张伯伦向希特勒示好:"建设欧洲的持久和平"……"现在我请你们回去,在你们的床上安心睡觉吧!"……"我们决不开第一枪"……"英国大兵正在和你们的妻子睡觉,他们正在强奸你们的女儿!"……"假使法国进攻,他们所遇到的将会只是德国的一道军事纸屏。"……甘末林寄望马奇诺防线:"必须使法国能凭借这个筑城工事系统进行战争,一如英国之凭借英吉利海峡。"……"德国最早也得到1941年才能发动战争。"……"丘吉尔自己炸沉了雅典娜号"

☆ "这是体面的和平"

正当德国人紧锣密鼓地准备敲响一场新的大战的时候,法国人在干什么呢？他们坚实的盟军英国人呢？他们正躲在马奇诺防线钢筋水泥的工事之中,在他们的张伯伦内阁和达拉第内阁的绥靖政策指导下,唱着歌、看着电影、踢着球,眼睁睁地看着英勇的波兰人被德国人打败,静静地等待德军的铁骑从东转向西,向着他们飞驰而来。

当德军的铁骑纵横驰骋在东欧的土地上时,英法联军为什么眼睁睁地看着他们英勇的盟国被打败,而不发一枪一炮？这是因为英国张伯伦内阁"祸水东引"的绥靖政策,和法国达拉第政府的畏战情绪在作怪,致使英法联军坐失良机。

张伯伦何许人也？阿瑟·尼维尔·张伯伦,英国政治家和国务活动家,第二次世界大战全面爆发时任英国首相,绥靖政策的代表人物。

张伯伦于1869年3月18日出生于英国伯明翰市,其家族是当地巨富,父兄又都是政治显要、英国保守党赫赫有名的重量级人物,他因此得以官运亨通。

1930年代是充满动荡和危机的年代,世界大战的危机日益逼近。

1933年1月希特勒上台后,纳粹德国迅速崛起。它在没有遭受任何制裁的情况下采取了一系列"毁约扩军"行动。希特勒德国在"统一日耳曼民族"、"争取生存空间"的旗号下,企图侵占中东欧战略要地,进而发动独霸欧洲的全面侵略战争。

以张伯伦为首的对德绥靖派则认为,对德国采取强硬行动会引起"普遍的欧洲战争",英国在这场战争中,只会遇到"无法预料的灾难"而"不会赢得任何东西",故而极力主张对德国的侵略扩张采取妥协、退让、姑息的绥靖政策。

张伯伦这样吹嘘自己:"对欧洲整个局势,甚至对整个世界了如指掌。"为了推行绥靖政策，他一面在国内打击强硬派，一面多次亲自去德国，与希特勒秘密会谈。他甚至用牺牲捷克、波兰等小国的利益，来讨好法西斯，并一手发起签订了丑恶的"慕尼黑协定"。

面对即将而来的战争形势，张伯伦非常害怕。他一上台就惊呼大英帝国"犹如住在火山脚下"，处于"雪崩"前夜。他认为战争将"毁灭人类文明"，声称"如果我们都能小心行事，具有耐心和自我节制，我们尚能挽救欧洲的和平"。

于是，张伯伦抛出了一帖自以为能够治理帝国衰弱的灵丹妙药：和法西斯握手言欢，通过"友好的讨论和谈判"，来"建设欧洲的持久和平"，"至少是一代人的和平"。他已准备牺牲弱小国家，以满足希特勒在殖民地和中欧国家的领土问题上的要求为交换条件，促使德国向苏联取得"生存空间"，对意大利则承认它吞并阿比西尼亚，对日本则承认它一手制造的伪满洲国。

自从上台后，张伯伦就卑躬屈膝地要讨好希特勒，他撤换了原驻德大使，代之以亲德分子汉德逊，并叮嘱他"与纳粹政府全力合作"。汉德逊领了张伯伦的旨意，到德国上任去了。一下车，他就肉麻地吹捧希特勒，并公开表示"奥地利应并入德国"。人们形象地送给汉德逊一个"纳粹党的英国驻德大使"称号。

不仅如此，张伯伦还嫌一个汉德逊不够，当他打听到柏林即将举行狩猎展览会，立即派了亲信大臣哈利法克斯带了一群猎狗去参加。欧洲人打猎时喊"哈拉里"，德国的报纸奚落这位带狗大臣，称他是"哈拉里法克斯勋爵"。哈利法克斯厚着脸皮满不在乎，当面吹捧希特勒"反共有功"，是"西方反布尔什维克的屏障"。他还对希特勒透了张伯伦的底：英国不反对德国实施向东欧进军的计划，而且英国愿意出面拉拢法国，希望德国拉拢意大利，由四国缔结一项反苏的合作协定。听了哈利法克斯的话，希特勒的战争底气更足了。

面对纳粹，英国政府是这样的一脸奴才相，那么法国政府呢？

当时法国内阁的领袖爱德华·达拉第出身于法国普鲁旺斯一个面包师的家庭，在他的性格中具有一种农民的质朴。人们在看到他那粗壮的脖子和强健有力的双肩

▲ 慕尼黑会议开始前，希特勒亲临机场迎接墨索里尼。

时，把他形象地比喻成一头公牛，其实，能够恰当地比喻他的，并不是公牛，而是一个把着犁在耕作，双脚沾满法国大地泥土、步履沉重的庄稼汉。

达拉第内阁的副总理是肖当，他更像是一株墙头草。这位天生的"息事宁人者"在这届内阁中的任务，就是平息批评，然后把他的首领推向前台，去应付当时急剧突变的政坛风云。法国当时的外交部长博内推行的也是张伯伦的"绥靖政策"。

当时法国政府里还有一位不可忽视的人物，他就是赖伐尔，这是一个不折不扣的亲德分子，他坚定地认为，法国和德国合作对欧洲的和平是必不可少的，并坚持用这种观点去说服他周围的人。法国内阁就是以这些人为代表，内阁空气中充满着畏惧和自我怀疑。

▲ 1938 年 9 月 29 日，德国外交部长里宾特洛甫在慕尼黑迎接法国总理达拉第（右二）。

不仅如此，法国居民也缺少一些对抗的精神。一战虽然胜利了，可是他们因此付出了巨大的代价，当时他们死亡将近130万人。这一次，他们不想再遭到那样的牺牲，即使是以胜利为代价。

因此，法国外交政策的主要目标只能是，尽量使战事远离法国边界，他们的一切努力都是围绕这个目标在运转。显然，在这样的情况下，他们只能制订出一种采取守势的战略。他们进行防御战的思想，集中体现在对马奇诺防线的构筑和使用上。躲在这条由20年代法国陆军部长马奇诺建议构筑的漫长防线后，法国人似乎已经不再惧怕战争再次席卷法兰西大地了。可是法国人没有意识到，这条坚固的防线带给他们的，其实是从物质到精神上的双重消极影响：巨额资金不是用于军队现代化，而是花在建造堡垒工事上；而人们思想上普遍认识到自己现在已经受到保护了，不怕侵略了。这种思想在后来的法国战局中起的消极作用是非常明显的。

法国人害怕战争，他们不想战争，想尽一切办法来避免战争。而海峡彼岸的英国人又不停地向自己示好，希特勒对此十分满意，他可以更加放心地执行他的计划了。

1938 年 6 月，希特勒宣布了进攻捷克斯洛伐克的最后决定。因为法、捷之间有同盟条约，而英、法之间又是军事联盟，所以两国政府都不由自主地紧张了起来。

如果说张伯伦是个绥靖迷，那么达拉第患上的则是"软骨症"，他们听到希特勒发出的战争咆哮，都急得像热锅上的蚂蚁，生怕真的打起来，把自己卷进战争的漩涡。9 月 13 日，达拉第急电张伯伦，建议由他们两国首脑去会见希特勒，"调解"德、捷问题。

但是张伯伦也许太想充当惟一的和平缔造者，或者是他实在按捺不住内心的恐惧，独自主动给希特勒发电报，表示了访问的意图。电报说："鉴于局势日益严重，我提议立即前来见你，以寻求和平解决办法。我提议乘飞机前来，并且准备在明天启程。请赐告你最早能在什么时候接见我，并请赐告会面地点。盼尽早赐复为感。"

9 月 15 日，69 岁的张伯伦拖着衰老的身躯，第一次乘飞机长途飞行 7 个小时，到达慕尼黑。在充满凄凉的旅行之后，他终于见到了希特勒。其后长达 3 个小时的密谈中，希特勒精神抖擞，大放厥词；张伯伦身心俱疲，只能洗耳恭听。谈判中希特勒提出苏台德区不仅要实现自治，而且应割让给德国，为此，德国"准备迎接任何战争，甚至世界大战"。张伯伦连忙回答："这是和平解决的惟一方案"，声称他个人对此不表示任何异议。最后勉强达成协议：在几天内两人再次会晤前，德国不采取军事行动。

9 月 16 日，张伯伦回到伦敦，立即召开内阁会议，大肆鼓吹纳粹的方案。18 日，他伙同法国政府炮制出迫使捷克斯洛伐克向德国投降的联合方案。9 月 19 日，英法照会捷克斯洛伐克政府，强迫捷克政府接受这一方案。9 月 21 日下午，捷克政府"以沉痛的心情接受英法两国的建议。"

▲ 一群英国远征军士兵正在法国境内追赶一群火鸡。这一幕很快便被希特勒的战车所替代。

　　9月22日，自命为"和平使者"的张伯伦，再次飞往德国哥德堡与希特勒第二次会谈，这一次他带着计划去邀功。他欣喜地告诉希特勒，英法和捷克斯洛伐克已同意把苏台德区转交给德国。不料，希特勒给他当头一个闷棍："由于过去几天内形势的发展，这个计划已经再也没有什么用处了。"接着，希特勒装模作样地向张伯伦提出两点保证：保证这是德国"在欧洲提出的最后一次领土要求"；保证与英国保持友好。

　　眼看张伯伦还有些许疑虑，希特勒装出一副推心置腹的样子，对他说："我生平很少让步，你是难得的一个。"哄得张伯伦受宠若惊，连声诺诺而去。9月24日清晨，张伯伦带着记载希特勒新要求的备忘录飞回伦敦，随即将这一要求转告捷克斯洛伐克政府，并威胁说，如果不接受此项条件，"贵国除遭到武力侵略与武力肢解以外，将别无其他出路"，"我们决不能不顾一切地使整个大英帝国仅仅为了它而陷入一场大战"。张伯伦还致电墨索里尼，要他出面安排英法德意四国首脑会议，并且私下致信希特勒："我确信您可以不经战争就立即达到您所有的基本要求。我愿立即亲自来柏林。"希特勒眼看时机已到，于9月28日表示，同意德国武装力量总动员暂停24小时，同时召开四国首脑会议。

　　9月28日下午，张伯伦正在下院报告最近事态的发展变化情况，演讲过程中，他收到哈利法克斯转来的希特勒邀请他出席慕尼黑会议的电报。据哈罗德·尼科尔森的日记记载道，张伯伦对此大喜过望，"他整个脸色，整个身体，都变了模样……看来他仿佛年轻了10岁，露出胜利的喜悦"。张伯伦马上宣布说，希特勒同意推迟24小时进行武装动员，并邀请他和达拉第、墨索里尼赴慕尼黑会谈。会议大厅里马上爆发出一片欢呼声，并长时间向张伯伦鼓掌致意，只有丘吉尔和艾登等少数人无动于衷。9月29日，张伯伦第3次飞往慕尼黑与希特勒进行会谈。

　　"慕尼黑丑剧"于9月29日中午，在希特勒的褐色"元首宫"正式揭幕，会上先由墨索里尼提出一个书面建议，这是贴着意大利商标的德国货。先是达拉第吹捧"意大利领袖的建议"是"本着客观而现实的精神提出来的"，达拉第和墨索里尼、希特勒均是首次见面，不想竟如此心心相印、一见如故。张伯伦也表示"欢迎意大利领袖的建议"。只有希特勒不吭声，他要努力克制，不让自己笑出声来。一切在幕后已经商定，台面上自然没有什么可以争议的。

次日凌晨1时，四国首脑在"慕尼黑协定"中宣布"原则上同意"为维护欧洲和平而将苏台德区并入德国的计划，肮脏的"慕尼黑协定"就这样出笼了。几个小时以后，捷克斯洛伐克政府被迫宣布接受"慕尼黑协定"，希特勒、张伯伦等人终于成功地"把一个小国献上了奴役的祭坛"。

30日早晨，疲惫不堪的张伯伦与希特勒继续会谈，签署"英德宣言"，宣布两国"彼此将永不作战"，"决心以协商办法"解决一切争端。希特勒在宣言纸上签字签得非常爽快，张伯伦感激涕零，对希特勒不住口地"热烈感谢"。

张伯伦对这一纸互不侵犯的宣言十分满意，回到伦敦即得意忘形地对欢迎的人们挥舞着那张有希特勒签字的宣言，宣称："从今以后，整整一代的和平有了保障"、"这是体面的和平"。他以一副"和平缔造者"的姿态认真地告诉人们："现在我请你们回去，在你们的床上安心睡觉吧！"

但是，以损人来讨好希特勒，并没有如张伯伦想像的给英国带来什么好处，反而助长了法西斯党魁的侵略气焰。希特勒说："现在我知道，西方是多么软弱，我要进行战争，使全球都接受我的思想。"张伯伦、达拉第等一厢情愿地妄想"祸水东引"，希特勒却认为英、法软弱可欺。就在召开慕尼黑会议的当天清晨，希特勒就私下里对墨索里尼说："终有一天，我们将并肩对英国和法国作战。"

1939年3月15日，也就是慕尼黑协定签订5个月之后，希特勒出兵占领了捷克斯洛伐克的残余部分。8月31日中午，希特勒作出最后决定，发出了消灭波兰的"白色方案"的第一号作战指令。9月1日拂晓4点45分，150多万德国军队大举越过波兰国境，分北、南、西三路进逼华沙。战火终于越烧越烈，法国告急，英国同样面临灾难，德国军队的步步进逼，希特勒不可遏止的侵略野心，彻底砸破了张伯伦的绥靖梦，也打碎了达拉第本来就软弱的骨头。

☆ "奇怪的战争"

正当波兰人用"战马与坦克搏斗，骑兵的长枪与坦克的大炮对抗"时，英法却宣而不战，按兵不动，一副无动于衷的样子。一时欧洲的战场上出现了东线炮火连天，西线却静悄悄的景观。

英国的军事历史学家富勒明确地指出："世界上最强大的法国陆军，对峙的不过是26个德国师，却躲在钢筋水泥的工事后面静静地坐着，眼看着一个唐吉诃德式的英勇的盟国被希特勒消灭了。"当时驻守在齐格菲防线的德军一共有31个师，到了9月10日才增加到43个师，但德军几乎没有配备一辆坦克，面对着拥有90个师和近2,000辆坦克的法国军队，却坚实地挺了过来。

从1939年9月3日到1940年5月9日，西线是宣而不战的不正常局面。英法对德国的这场战争被人们称作"奇怪的战争"，美国报刊称之为"假战争"，形象地说明这场战争是虚假的，因为当时英法和德国并没有进行实质的火药接触。英法不愿开战，德国也不愿过早和联军交战，他们似乎已经猜到了联军的意图，希特勒向陆军总司令布劳希奇说：西线战线尚不明朗，某些现象表明并无真正开战之意……

德波战争开战后的9月4日，德军上校伏尔曼写道："据说法国已经在萨尔布吕肯挂出一面旗，上面写着'我们决不开第一枪'。"9月6日，伏尔曼向希特勒汇报西线的战况，他说西方"虚张声势的恫吓战在继续进行"，那天晚些时候，他又写道："迄今为止，西方前线一枪也没有打响。双方都只是用高音喇叭互相喊叫，每一方都企图让另一方明白，他们的行动是怎样的徒劳无益，他们的政府是怎样的愚不可及。"

这真是一场"奇怪的战争"，敌军近在咫尺，却没有任何命令要开枪射击。法

▲ 1940 年初，驻扎在马奇诺防线的英国远征军士兵。

▲ 在法国的斯特拉斯堡附近，德军乐队正在对不远处阵地上的法军士兵演奏一些当时在法国脍炙人口的乐曲。德军用这种心理战麻痹法军。

▲ 一名德军士兵正在距法军阵地不远的地方安置广播设备。

国陆军总司令甘末林说："向还在干活的德国人开火吗？德国人也只能以开火来回答我们！"西线的形势颇具喜剧的味道，莱茵河两岸的德法士兵隔河相望，彼此都可以看得很清楚。士兵们在野战工事或炮兵掩体里乱七八糟地干着活，还不时停下来"欣赏"一番河对岸敌人的活动。德国人每天通过高音喇叭和巨幅标语来进行宣传，有时法国阵地也会升起一块粗布做的表示同意的标语牌。

在这条奇怪的战线上，有些地方，士兵们在河里洗澡；有些地方，士兵们在互通有无，秘密进行食品交换，法国葡萄酒和德国啤酒不时地换换口味。为了使防线上成千上万的士兵不致太过无聊，法国政府给这所谓的前线设立了军队娱乐服务处，增拨了许多文娱器材，增加了酒类供给，还给士兵们送去了1万多个足球，巴黎歌舞明星们频繁地活跃在前线。此时的"马奇诺防线"，真的像一个标准的娱乐场了。

就这样，在德国人的炮口下，法军士兵看着电影，踢着球，唱着歌，慢悠悠地消磨着悠闲的战地时光。虽然法德两国对战争的理解有时会不同，但对于足球的理解显然是比较一致的，有时法国士兵踢球时的精彩表演还会得到河对岸德军的大声喝采。法国士兵天天高唱着"我们要到齐格菲防线去晒衬衣"的流行歌曲，而严谨的德国人也比较配合，他们有时会幽默一下，冲着扩音器大声喊话："英国人是叫法国人打到最后一个人吧！"

德国宣传部长戈培尔指示德军，向真空地段那边的法军高声友好地问候，并与法国士兵进行兄弟般的交谈。宣传队用大喇叭广播新闻和消息，以证明德国与法国确实不是敌人。晚间，德军向马奇诺防线里的法军播送缠绵的法国歌曲，在节目结束前，广播员大致会说："晚安，亲爱的敌人，与你们一样，我们也不喜欢这场战争。谁该负责呢？不是你们，也不是我们。所以，我们为什么要互相射击呢？又一天结束了，我们大家又可睡上一晚甜觉了。"最后广播还播送出一首录制好的催眠曲。

为了涣散法国士兵们的士气，希特勒命令德国的宣传机构不遗余力地宣传，真正的矛头是对着英国来的。德军在法国战线上曾投下过百万个赭色的"秋叶",上边印有戈培尔的名言:"秋天,叶在落。我们也和叶子一样要落了。叶枯死了,这是上帝的安排。待来春,有谁会记起这枯叶,又有谁会记起倒下去的法国士兵呢,而生命在我们的墓地上犹存。"

据一位英国士兵回忆,当时曾有一支德国宣传部队在前线竖起了一个大牌子,他们大声喊叫:"北方各省的士兵们(法国士兵),英国大兵正在和你们的妻子睡觉,他们正在强奸你们的女儿!"另一边的法国士兵立即回应:"我们是南方人,我们也不想打仗。"

法军从没有想起要赶走在工事中的德国人,也不去打哑使士气低落的扩音器。两岸部队似乎都在奉命休息。德国人忙着用火车将物资从铁路线上运来,在隔着一条河的对岸,有一尊法国75毫米口径的大炮,炮口傲然指向天空,对德军的动静视而不见,一动不动。法国的逃兵泄露,他们的前线指挥官不许哨兵往枪里装实弹。而德国的指挥官也有严格的指示,不许向法国领土开火,更不允许在边境上空飞行。

夜晚的莱茵河,安静得如同坟墓一般,只有偶尔走过的巡逻兵的声音打破了夜晚的宁静,但片刻之后,又溶入更深的黑暗之中。而这种宁静至少延续了3个月。

直到12月9日,战火点燃的3个月后,联军才有了第一次的伤亡——一个英国的巡逻班长被流弹击中而死。这才突破了西线无伤亡的"伟大"记录。

与德军相比,西线的联军处于绝对优势,他们在西线发动攻势的条件很有利,但法军始终没有发动过认真的进攻。只是在9月7日至8日的夜晚,甘末林才虚张声势地动用了一下他的兵力,法军的进攻沿着萨尔布吕肯东南的"卡登布伦"突出部,在一条24公里长的战线上越过边界,他们以营为单位向前推进,没有遇到什么抵抗,没有激烈的战斗,只是有一些微小的接触。

法军在几天时间里小心地向前推进了大约8公里,并占领了萨尔布吕肯西南的一个小突出部文特森林,还有20多个空无一人的村庄。之后,法军连这小心的脚

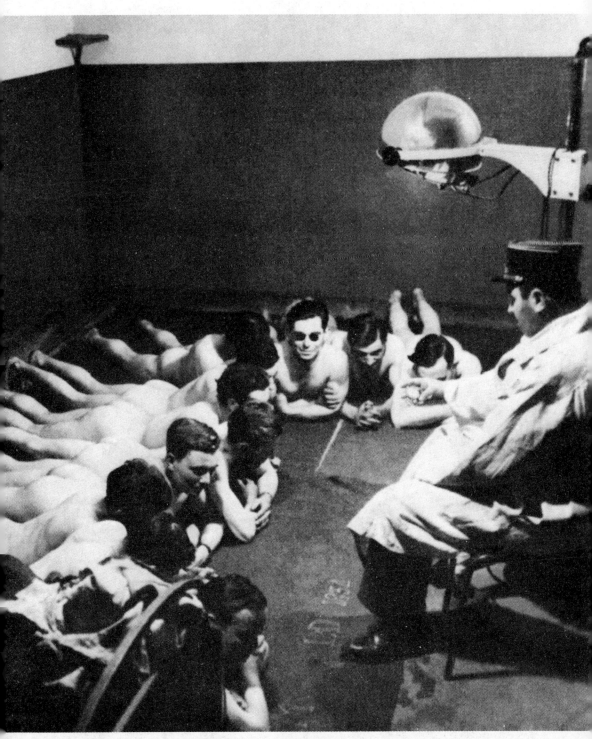

▲ 驻扎在马奇诺防线的法国士兵，在接受紫外线照射治疗。

▲　战前在马奇诺防线巡逻的法国小分队。

步都不敢往前迈了，甘末林将军命令他的部队停止前进，一旦德军进攻比利时，法军便会退回到马奇诺防线坚固的工事里去。

后来，甘末林将军承认萨尔出击是个小小的试验，一个把戏而已。那时在第5军团任坦克指挥官的戴高乐上校称"萨尔攻势"只是装装样子，以摆出一种对波兰援助的姿态。

9月12日，甘末林发布秘密手令，命令部队放弃一切进攻的打算，实行战略收缩。9月30日他又密令，法国军队深夜撤离，前沿阵地只留少数掩护部队，10月4日全部撤离。他认为德军即将发动大规模攻势，于是在10月14日又发布了一道故弄玄虚的"当日命令"，慷慨激昂地号召法军士兵："磨砺你们的意志！最充分使用你们的武器！记住马恩河和凡尔登！"

可是德国人并没有发动大规模的攻势，连小攻势似乎都不屑进行。他们只是花了两天时间，用很小的代价把法国人花了两个星期才占领的土地夺了回来，然后宣称侵略者已从德国的领土上被驱除出去了。

萨尔的这场假攻势严重地削弱了法军官兵的士气，更没有提高国内平民的斗志，法军从此按兵不动了。法国政府甚至认定"法国这时不应该承受对德国发动攻势的全部担子……决定等到春天或夏天再在法国战线有所作为……"

德军将领一致认为，波兰战役期间西方国家没有在西线对他们发动进攻，是一大失策，"错过了千载难逢的良机"。

德国陆军总参谋长哈尔德将军说："只有完全不顾我们的西部边境，我们才有可能在对波兰进攻中取得胜利。如果法国人利用我们几乎全部兵力将牵制在波兰这个机会，本来能够在我们无从防备的情况下渡过莱茵河，而且威胁到鲁尔，这个地区对德国进行战争具有决定意义。"

希特勒的最高统帅部作战部长约德尔也心有余悸地回忆："如果说我们在1939年没有崩溃，那是由于在波兰战役中，西线的法国和英国的大约110个师，完全没有用来同德国的23个师作战。"

　　一位法军将领对此深有同感，他认为德国人在萨尔河西岸几乎什么也没有。从萨尔布吕肯到特里尔犹如无人之境，法军是可以长驱直入的。德军最高统帅部的最高长官凯特尔将军也声称："假如法国进攻，那么他们所遇到的将只会是德国的一道军事纸屏，而不是真正的防御。"

　　"奇怪的战争"是英法当局推行绥靖政策的恶果，是对波兰等小国利益的背叛。法国政府缺乏果敢的气魄，英国也没有真正想打仗的意图，从另一方面说，正是他们放纵了法西斯，让德军的力量和希特勒的野心不断地膨胀起来。

　　德军灭了波兰之后，铁骑迅速西向，战场硝烟滚滚。法国人搬起石头砸自己的脚，他们立刻要尝到自己一手种下的恶果了。

☆ "D"计划

　　法国人之所以不主动进攻德国，一方面是英法政府绥靖政策的影响，更重要的是，他们对自己的马奇诺防线抱着很大的信心。

　　马奇诺防线——这条曾被吹嘘为"固若金汤"的防线，是法国陆军部长马奇诺在任期间修筑的一条在法国东部边境的防御阵地体系。它于1929年开工，1940年全部完工，耗资2,000亿法郎，共有5,600个永久工事。马奇诺防线绵延于法国东部的全部国境线上，全长750余公里。防线内堡垒林立，地下筑有坚固工事，还有地下铁道，隧道公路和各种生活设施。

　　法国政界和军界一致认为有了这道防线，就可以高枕无忧了。法国前总理勃鲁姆自吹自擂地宣称："我们的体系虽然不宜于进攻，但在防守方面却是呱呱叫的。"这是一种典型的消极防御思想，只有目光短浅或狂妄自大的人才把它奉为至宝。

一战英雄贝当元帅曾对参议院陆军委员会谈及马奇诺防线："这一扇形地区没有危险。"他在1938年出版的《两大世界评论》中发表了一篇文章，重申了他对马奇诺防线的信心，说有了这条防线就无需担心装甲部队的进攻，同年，他又宣称对法国军队阻击入侵者的能力感到满意。法国人对马奇诺防线寄以无比厚望，可以看看甘末林将军的期待："必须使法国能凭借这个筑城工事系统进行战争，一如英国之凭借英吉利海峡。"

可是，尽管法国人对其抱有极大期望，但其他见过马奇诺防线的人并没有这么强烈的印象。后来在英国远征军中担任总指挥的布鲁克将军写道，马奇诺防线让他想到战舰，该防线让他感到不舒服，"最危险的一个方面是在心理上的：人们普遍产生了一种虚假的安全感，有一种坐在攻不破的铁围墙之中的感觉。一旦这一防御工事被攻破，法国军队的战斗力也许会随之崩溃。"

法国人虽然曾沿马斯河修筑了许多野战工事，但是并没有像英国人沿比利时边境那样修筑设有碉堡和反坦克障碍的巩固的阵地。而且，驻守马奇诺的法国第9集团军主要是由一些低于法国标准的军队所组成的。在它的9个师中，有两个是部分机械化的骑兵师，有一个是要塞师，有两个师是属于第二流的，有两个师比现役师稍差一些，只有两个师是常备正规军。从色当到瓦兹河上的伊尔松，在一条长达80公里的战线上，没有永久性的防御工事，而且只有两个师是职业军队，法国人的战斗准备实在是太不充分了。

从1939年秋天到1940年夏天很长的一段时间，德国人对西线没有采取什么行动。漫长的等待消磨了法国士兵的士气，寒冷的冬天更让他们军心涣散，更糟糕的是，他们的决策者对于战局作出了错误的判断。

1940年，盟军情报部门多次得到德国可能向西进攻的情报，但是他们并不是太在意。也许是得到的类似情报太多了，他们对此类情报已麻木。再加上他们自作聪明地对获得的"黄色方案"进行判断，认为那是希特勒泄露出来的，是他设置的圈套，目的在引诱英、法去破坏荷、比的中立，从而给德国以西进的借口，因而未

▲ 英国国王乔治六世（前右一）与法国陆军总司令甘末林（前左三）等法军将领在一起。

予足够重视。

正基于此，英法统帅部认为："德国决不会在当年夏天在西线发动攻势，最早也得到1941年才能发动，而到了那时英法将能主宰欧洲的天空，到了1942年……就有足够的重炮来攻打齐格菲防线了"。起初推行慕尼黑政策的张伯伦现在转向了，他挖苦希特勒没有在西线及早动手，说什么"希特勒已错过了时机"。这些愚钝的人们，要一直等到德国的大炮在头顶炸响，划破春天黎明前那片宁静的时候，才知道狼真的来了。

直到1940年3月，盟军才嗅出一丝战争的气味，才确认了其前制定的"D"计划。然而，比利时以中立为由不愿同英法公开接近，"D"计划还未开始实施，便遇到了困难。

在法军总参谋长和英、法盟军总司令甘末林主持下，盟军仓促制定了代号为

▲ 战争开始时，法国的 H－35 坦克并未派上用场。

"D"的作战计划，调集135个师、3,000辆坦克和1,300多架飞机，准备抗击入侵之敌。

在设定作战计划时，根据第一次世界大战的经验，盟军特别重视列日、那慕尔以北的比利时方向，因此，在英法联军向比利时机动的问题上，盟军提出了3个方案：

第一方案规定，英法联军前出到比利时东北部的阿尔贝特运河筑垒阵地。这一方案最有利于抗击德军入侵，但联军须征得比利时政府同意，在德军进攻西欧前就前出到该阵地。

第二方案（"E"计划）规定，英法联军在比军掩护下从边界向斯海尔德河地区推进一小段距离，以便在德军到来前有时间组织防守。但这样一来，包括首都布鲁塞尔在内的比利时大部国土都将沦落敌手。

第三个方案（"D"计划）是个折中方案，这个方案规定联军在安特卫普、迪尔河、那慕尔、色当一线组织防御。这一方案能保卫比利时大部分国土免遭德军侵占，并使比军主力有可能加入联军对德作战。

经反复比较，"D"计划于1939年11月17日，在盟国最高军事会议上获得通过。稍后，法国陆军总司令甘末林将军又对该计划进行了修订，要求法军左翼第7集团军进至安特卫普附近后，继续前出至荷兰境内的布雷达地域，以便在荷比两国军队间建立起绵亘的防御正面。总之，在德军向荷兰和比利时发起进攻时，英法联军应利用荷比两国军队迟滞德军的进攻，并在荷比两国军队的协同下，依托那里的防御阵地，粉碎德军的进攻。这个修订后的计划被称之为"布雷达计划"。

可以看出，法军的作战计划仍然是十分保守的，他们把马奇诺防线当作克敌制胜的法宝，把保卫马奇诺防线放在优先的地位。因此，甘末林将军"布雷达计划"的重要执行者，指挥法军东北战线的乔治将军对这个计划颇有意见，他对这个计划几乎是完全不同意。

依照上述计划，英法联军在敦刻尔克至瑞士的法国东北边境展开3个集团军群。

其兵力部署是：法国和英国共有103个师，编为3个集团军群。第1集团军群辖法军第7、第1、第9、第2集团军和戈特将军率领的英国远征军，共51个师，由比约特将军指挥，部署在英吉利海峡至隆吉永一线，任务是增援比、荷军队，将德军阻滞在迪尔河一线；第2集团军群辖法军第3、第4和第5集团军，共25个师，由普雷特拉将军指挥，配置在隆吉永至阿格诺一线，坚守马奇诺防线；第3集团军群辖法军第8和第6集团军，共18个师，由贝松将军指挥，部署在阿格诺至瑞士边界，任务是坚守马奇诺防线南段。法军战略预备队为9个师。另外，法第10集团军配置在法国与意大利接壤的边境上。

另外，荷兰10个师、比利时23个师分别配置在本国东部国境线上，协助英法共同实施战略防御。

这条东北战线的总司令乔治将军，掌握17个师作为预备队，其中5个师预定用于加强向比利时机动的部队，12个师配置在第2和第3集团军群后面。除此之外，甘末林将军还亲自掌握着5个师。

空军的任务是支援陆军，独立进行空战，轰炸敌后军事和工业目标。海军的任务是保障海上交通线的安全，对德国进行经济封锁，并与空军协同作战。

总之，法国东北战线上共集中了盟军的135个师。同时，盟军还拥有坦克3,100辆、飞机2,372架、75毫米以上口径的大炮14,500余门。

这个阵势看起来够强大的，以双方战力对比，盟军的战争前景至少不太糟糕，胜利的天平似乎又一次向法国人倾斜。

由于在波兰旗开得胜而大喜过望的希特勒，仁慈地嘱咐他的海军把战争步子稍微放慢一点。表面的平静，其实往往是孕育着更大的风暴。该来的，总会来的。

第3章

CHAPTER THREE

突破与闪击

"可能一周，也可能二周，可能一个月甚至几年"……"空军是否考虑到在西线的太阳比柏林晚出来几分钟？"……"不得休息，不得松懈"……3天之内推进近300公里……克莱斯特警告古德里安"严禁超越桥头阵地"……色当那条狭小裂缝很快扩展成为一道巨大缺口……雷诺紧急电告丘吉尔："我们这一仗打输了！"……法比平原上，德军每昼夜前进20～40公里，他们向法军士兵说："我们没有时间俘虏你们！"要其放下武器，往南逃命，免得挡路。

☆ "你有晕车药片吗"

1940 年 5 月 10 日，英国和法国还仍然是凡尔赛和约的胜利者，仍然是海上和陆上的霸主。到 5 月 17 日，法国已经是一个被打败的、束手无策的国家，而英国也濒于生死存亡的边缘。从理论上讲，当时的德军并无什么必胜把握，但是经过一番实践，德军的"镰割"计划获得了巨大胜利。1940 年的春夏之交，严格地说来，德国人只花了一个星期，便打破了当时原有的世界秩序。

德国统帅部虽然很有信心，但是在发动战争之前，他们也着实忐忑不安过一阵。对于希特勒和最高统帅部的将领来说，决定何时袭击的主要因素是天气状况，因为德军的进攻主要依靠飞机的空中支持，由于天气的原因，希特勒多次在最后时刻把战争延迟，这对于他个人而言是非常不情愿的。

关于天气预测状况，除了德国空军首席气象学家之外，希特勒的爪牙们也四处努力，希望能为元首分担忧虑：戈林甚至在一个假内行身上花费了一笔钱，因为这个人声称他发明了一个能左右天气的电子机械，其实只不过是一个破收音机而已；哈尔德将军也想入非非地建议要贿赂希特勒的占卜者，好让他占出一个好兆头来。

天气预报具有决定性的意义。德国空军首席气象学家辛勤工作，负起决定何时进攻的重任。5 月 3 日希特勒按他的意见把"镰割"计划推迟一天，延到星期一。4 日，又决定推迟到星期二，到 5 月 5 日星期日预报说，天气仍然变化无常，所以"镰割"计划被延迟为 8 日星期三。此时希特勒已经非常不耐烦了，他认定这是不变的最后期限，并下令给大本营的工作人员印一个特别时间表。时间表表明，5 月 7 日晚他的专列从柏林附近的一个小站发出，第 2 天到达汉堡，要去奥斯陆进行正式访问，现在正在途中。他对于战争的渴盼已经到了无法忍耐的地步了。

希特勒容忍不了因为天气而再度搁置计划。因为4月末，党卫军获取英、法首相之间的一次电话会谈抄本，表明他们也在计划军事行动。希特勒后来提到，这就是他担心盟国开进荷兰和比利时的原因(实际上这两位首相商讨的是法国对苏联油田进行轰炸的问题)。可是空军气象学家5月7日同希特勒研究时毫不让步，认为很可能仍会出现晨雾，所以希特勒只得把"镰割"计划又推迟一日，但他警告戈林说，这次只允许再拖延一次。

约德尔将军的日记中曾记载了发动战争前最后两天的情况："5月8日，从荷兰传来令人震惊的消息。那边已取消休假、进行疏散、设置路障，并采取了其他动员措施……元首不愿再等下去了……5月9日，元首决定，一定要在5月10日发动进攻。17时与元首同车离开芬肯克鲁格。在得到10日天气情况有利的报告以后，在21时发出代号'但泽'的命令。"

9日清晨，值班副官普特卡默给在亚琛最西边的一个军的司令部通了电话，参谋长告诉他有点薄雾，可是太阳已经要出来了，明天可能还是个晴天。当这位海军副官向希特勒复述这句话时，希特勒说："好，那么我们可以开始了。"三军指挥部接到通知说，关于最后开战(密码用词分别是"但泽"和"奥格斯堡")，最迟不迟于晚9时30分以前发布命令。

这时，开始采取特别安全防范措施了，即使在希特勒本部之中也实行特别治安。给马丁·鲍曼的印象是要去访问奥斯陆，因为那里纳粹党当局已拟定盛大欢迎元首计划。希特勒下指示让女秘书们清点物品，装好旅行袋，准备长期旅行。当这些头脑简单的女人信以为真，问及希特勒的心腹尤利乌斯·夏勃要去多久时，他摆出一副神秘的样子回答说："可能一周，也可能两周，可能一个月甚至几年！"

事实上，夏勃这位希特勒多年的心腹也一无所知。那天下午，希特勒带着下属驱车驶出柏林，向正北的施塔肯机场驶去。可是，这支车队绕过了施塔肯，向芬肯克鲁格的小火车站驶去，这是个出名的旅游始发站。这里希特勒的专列正在等待他们。下午4时38分发车，驶向北边的汉堡，可是黄昏之后，却开进了哈格诺乡村的

▲ 希特勒乘火车前往"鹰巢"。

那个小车站。当火车又开动时，即使那些闷在葫芦里的人们也看得出火车不再向北开了。大约9时，火车停在汉诺威外边，接通电话，从波茨坦附近的空军司令部听到了最近的天气预报。天气仍然很好。希特勒下命给各军区发出密码——"但泽"。

尽管大多数德国军队知道大规模进攻不久将要来临，但是直到此时，密码"但泽"发送到各个部队，他们才知道明天就要打仗了。这一年早些时候当"梅克林事件"发生之后，希特勒就要求德军行军必须高度保密，因此直到进攻的前一个晚上德军才接到命令。

现在仍然严守着秘密。晚餐时，施蒙特若无其事地问秘书们："你有晕车药片吗？"大概是坐了一天不知目的的车，坐晕了。过了一会后，希特勒开玩笑地说："如果你们老实一点，都可以拿回几张海豹皮作纪念。"他早早地躺下了，可是火车的晃动以及对未来的思虑使他久久不能入睡。他长时间地凝视着车窗外面，盯着那有可能酿成雾的暮霭。"镰割"计划的第一步胜利靠的是德国空军的攻击力量，而雾正是戈林的大敌。

5月10日黎明前一小时，4时25分，火车开进一个站名标牌被拆掉的小站——尤斯基尔先，这里离盟国前线48公里。一队3个车轴的军用轿车正在灰蒙蒙的晨晖中等候他们，这些车在波兰曾为希特勒立下汗马功劳。花了半个小时，希特勒及其随行人员才乘车穿过艾弗尔的几个小村庄，村里的路标都换成了直挺挺的黄色牌子，上面标着军事符号。在车上，大家继续沉默着，只有一次希特勒打破了沉寂，他把脸转向坐在折叠椅上的空军副官冯·贝罗少校，问道："空军是否考虑到在西线的太阳比柏林晚出来几分钟？"贝罗回答："考虑到了，请元首放心！"

过了一会，乡村的小路开始往山坡上延伸，通过稀疏零散的灌木林后，轿车停下了，希特勒拖着坐了一天车的僵硬双腿爬了出来。山坡上有一个经重建加固的从前的防空阵地，现在变成了他的战地司令部，这就是著名的"鹰巢"。近处的村庄，居民们已经完全被疏散了，空出的房屋可供他的下级职员使用。现在天已大亮，空中到处是鸟儿鸣叫，它们在报告新的一天已经到来。

▲ 希特勒在听取布劳希奇（右一）的汇报。

希特勒站在暗堡外面，注视着太阳慢慢地升上来，给乡村的大地披上了霞光，这是一个真正春天的天气了。他们听得见西进卡车护送队从山谷和山坡两条主要道路上，传来的低沉的隆隆声。一个副官指着表没说话，这是5月10日早晨5时35分，他们听到远处响起重炮声，这声音越来越大，在他们背后，飞机引擎也发出了轰鸣声，因为德国空军的战斗机和轰炸机中队正在靠近。

正如德国空军预测的，1940年5月10日，天气开始转晴。希特勒奖给作出这次成功预报天气的气象学家一块金表。前一天夜间，德国空军就已经开始在比利时和荷兰的海港布水雷。此时，戈林对70个飞机场进行袭击，击毁了三四百架飞机，为希特勒赢得了两个星期内不遭到挑战的空中优势。不久，通讯员给他带来了振奋人心的消息，英国和法国的军队开始涌入比利时。直至1941年10月，他的军队来到莫斯科城下时，希特勒还依然记得这激动人心的时刻："当传来敌人正沿全线前

▲ 希特勒接见手下将领。

进的消息时,我简直高兴得要哭了! 他们正好掉进了我的陷阱! 向列日进攻是我们神机妙算之策的一步棋——我们要让他们不由得相信,我们在忠实于原定的施利芬计划……以后再回顾一下所有这些军事行动该会是多么激动人心啊。那天夜里,我到作战室去了好几次,仔细察看了那些立体地图。"

荷兰和比利时的情报部门都有可靠的军事情报来源,他们也知道战争在所难免。德军军官奥斯特曾在晚餐时告诉他的老友荷兰的武官说,希特勒已下了最后一道进攻命令。晚餐后,奥斯特在最高统帅部稍事停留,并获悉,此次不会在最后一分钟再次推迟,"那猪猡已去了西线",他对荷兰武官说。荷兰武官首先将此情报转给了他的比利时同事,然后与海牙通话,用密码传达各处说:"明日拂晓。严守!"

荷兰和比利时边境沿线都有大量德军行动及其他准备开战的迹象。在布鲁塞尔,比利时政府拖延片刻后,于5月9日23时15分发出全国戒严令,并将此决定告知他们的英法盟友。荷军则决定炸掉其前线桥梁以阻挡德军前进,但是由于通讯不便,许多荷兰前线尚不知晓这一情况。

5月10日的清晨,希特勒在他的"鹰巢"外面,面对着冉冉升起的太阳。此时,德军正按照他的命令,在他前面40公里的地方,越过比利时边界长驱直入。从北海到马奇诺防线之间的280公里战线上,德军部队已突破了3个中立小国:荷兰、比利时、卢森堡的边境,粗暴地违反了德国人曾经信誓旦旦一再作出的保证。

希特勒的飞机、坦克和大炮,无情地粉碎了小国的中立梦,使西欧的土地四处弥漫战火硝烟,也使英法盟国在政治上变得更加动荡不安。

在这紧要关头,英法盟国正走在政治权力交接的十字路口。在英国,张伯伦政府正处于崩溃边缘,国会议员们正在挑选张伯伦辞职后的新首相。在法国以达拉第为首的政府也是危机四伏,总理雷诺和法军总元帅甘末林差一点辞职。英国的危机以温斯顿·丘吉尔的当选而暂时化解,而在法国,雷诺得悉德军将要进攻的消息时,决定留任并要求不要撤换甘末林的职务——虽然他对这位统帅的军事能力不太信任,而未来几周内发生的事件也表明甘末林确实缺乏军事才能。

▲ 德军正在炮击法军阵地。

1940 年 5 月 10 日，天刚破晓，成群的德军施图卡轰炸机突然对法国、荷兰、比利时和卢森堡的机场、铁路枢纽、重兵集结地区和城市进行猛烈的轰炸。当天 5 时 30 分，从北海到马奇诺防线之间的这条漫长战线上，德军地面部队向荷兰、比利时和卢森堡发起了大规模进攻，揭开了入侵西欧的序幕。

担任助攻和吸引英法军队主力的德军 B 集团军群，首先以空降部队对荷兰和比利时境内的重要桥梁及要塞设施实施了袭击，这突如其来的打击立即造成了荷、比军队的慌乱。紧接着，B 集团军群的装甲部队趁乱发起了猛攻，由于伞兵部队已经占领了各要道，B 集团军群的进展颇为顺利。

德军 B 集团军群对荷兰和比利时边境的突破，致使集结在法国北部的英法主力立即越过法比边境火速增援。此刻，希特勒正在地下指挥所里焦躁不安地等着前线的消息，当他听说英法主力已经出动时，兴奋地对周围人说："他们上当了，等着瞧吧，好戏还在后面"。

当博克的Ｂ集团军群吸引了英法主力时，勒布的Ｃ集团军群也摆开架势，他们对马奇诺防线进行的佯攻表演很成功，使得法国从南部撤回部队时一再犹豫不决。

☆ "一个目标：突破"

位于比利时境内的阿登山脉，峰峦陡峭、森林密布，它的南面是坚固的马奇诺防线，一直延伸到莱茵河，直达瑞士，其北面则紧接宽阔的马斯河。法国人认为，阿登山脉是庞大的现代化军队无法通过的。在甘末林将军的"Ｄ"计划中，法国在这一地区主要采取守势。

在这一地区抵挡德军的是柯拉将军的第9集团军，它缺乏正规编制，大部分是劣质的预备师或要塞师，只有两个师是常备正规军，其装备和训练都低于法国的标准水平。这样，从色当到瓦兹河上的伊尔松，在一条长达80公里的战线上，没有永久性的防御工事，而且只有两个师是职业军队。正是法国人倚为天险的阿登山口成为了德军入侵法国的主要突破口。

5月10日凌晨，德国人的正面进攻也开始了。德军担任中路主攻的伦德施泰特的Ａ集团军群，向卢森堡和比利时的阿登山区实施主要突击，仅30万人口的小国卢森堡当天不战而降。给伦德施泰特上将打头阵的是克莱斯特将军指挥的装甲兵团，该兵团下辖古德里安的第19装甲军、霍特的15装甲军和莱因哈特的第41装甲军。第15和第41装甲军仅各辖2个装甲师。其中以古德里安的第19装甲军战斗力最强，它作为克莱斯特装甲兵团的主力和先锋部队编有3个装甲师。古德里安本人虽然以德军第一坦克专家著称，但他火暴的脾气使他只能听命于较为谨慎的克莱斯特将军。

▲ 隆美尔统领的德军第 7 装甲师正通过法国北部。

▲ 一辆法军轻型战车正开往前线。

　　担任克莱斯特装甲兵团北翼护卫的有第7装甲师，其指挥官是当时名气尚且不大显著的隆美尔少将。虽然是步兵出身，但隆美尔对德军装甲部队在波兰战争中的表现印象深刻，于是他向希特勒请求并获准领导一个刚刚升级的轻武装师，在短短几个月时间里，隆美尔就掌握了领导装甲军队的复杂技巧。在接下来的战争中，他将从一批原有的装甲将军中声誉鹊起，从而名声大振。

　　德军的闪击战术首要的一点即是出其不意。克莱斯特将军对他的部队要求："不得休息，不得松懈"，"利用首战出奇制胜，务使敌人乱作一团"，"心中只记住一个目标：突破"。

　　5月10日，德军大批装甲部队蜿蜒通过阿登山区，德军装甲师多达2,000多辆坦克和数千其他车辆，这么多车辆一时难以行动，便发生了军事史上的最大交通阻塞。德国人担心盟军会察觉德军正在通过阿登山区，他们用坦克设置了强大的保护屏障。可是，盟军的注意力被比利时方向吸引住了。在阿登山区，古德里安的第19装甲军只遇到了法国骑兵和比利时轻骑兵的轻微抵挡。

　　这样，德军装甲部队就像决堤之水，向马斯河汹涌而来。一群群德国坦克、装甲车、火炮、装甲运兵车、以及卡车运载着步兵部队奔袭而至，他们所拥有的力量和速度是以往战争中闻所未闻的。

　　到了11日，盟军已经发现了德军正通过阿登山区，但不知道德军的确切兵力和进攻意图，他们仍然以为这一路德军是在佯攻，以吸引盟军。其实德军的意图恰恰相反。盟军最高指挥部对这些情况反应迟钝，他们只是采取了"监视情况"的策略。

　　5月11日傍晚，德军的装甲部队已全线突破了盟军防线。在北线，隆美尔指挥的第7装甲师在比利时马尔什地区击溃法国第4骑兵师的装甲旅，于当天下午即前出至马斯河。在南线，古德里安的第19装甲军全速前进。

　　第19装甲军轻易突破盟军的松散抵抗，只用了两天时间便穿越阿登山脉110公里长的峡谷深入法境。5月12日，古德里安在色莫河岸上的一个旅馆里筹划挺进色当的方案时，遭到法军炮袭。他后来回忆道："……一个工兵的供应纵队，携带

▲ 一支法军骑兵部队向前线开进。

着地雷和手榴弹等物资，引火焚烧，于是爆炸之声就络绎不绝，墙上所挂的一个野牛头，突然被震落下来，只差一点就把我的脑壳砸开了。玻璃窗也震碎了，我们赶紧离开这个不愉快的地方。"

　　5月12日下午，在从迪南到色当的130公里战线上，德军装甲部队均前出至马斯河沿线，比预定的时间提前了24小时。在狭窄的山地道路上，德军3天之内推进了近300公里，这是法国统帅部始料未及的。德军装甲部队的突然出现，使得法军在色当至那慕尔之间的马斯河防线，特别是法军第2集团军防守的色当地区面临严重威胁。

　　当天下午，古德里安的3个装甲师到达马斯河北岸，并攻下了法国著名要塞城市——色当。12日夜里，他们便开始了紧张的渡河准备。克莱斯特将军给古德里

▲ 德军坦克正穿越阿登森林。

安下命令，命令他13日下午4时强渡马斯河，然后，"克莱斯特装甲军群将渡过马斯河并建立桥头阵地。"

德军之所以选择这里，是因为色当附近离阿登山区出口最近，防御最薄弱，马斯河在此北折，然后又南转，形成一个袋形突出部，河的北岸树丛密布，便于隐蔽进攻的准备和观察敌情。"德国人强渡马斯河是法国之战的关键。在以后5个星期中还有其他同样大胆的行动，但是没有哪一次能对事态发展产生过这样惊人的影响。"为此，古德里安把他的3个装甲师全部投入进去了，并且为了争取时间，不等摩托化部队到来就强渡马斯河。

5月13日上午11时，法军遭受开战以来最猛烈的一次轰炸。德军出动近400

架轰炸机，分批次对马斯河南岸的法军阵地和炮兵群进行长达5个小时的狂轰滥炸，"施图卡"式俯冲轰炸机俯冲时拖长的警报声，炸弹呼啸着冲下来的爆炸声此起彼伏。德军第1装甲师的一位官员这样描述："我们站着注视这一切，像被催眠了一样，一切都像进到了地狱一般。"

"施图卡"式俯冲式轰炸机对法军心理上的作用来得更重要。实际上，这些飞机在多山多灌木的马斯河西岸造成的伤亡相对较少，但是对于遭受这种轰炸的惊惶失措的法军而言，似乎每一架飞机都是冲着自己来的。一位法军军官这样形容他的士兵："他们惟一关心的是将头缩回以求活命。5个小时的噩梦足以让他们吓破胆，他们根本无力反击敌方步兵的进攻。"

下午4时，法军的第一个噩梦终于结束了，可是，第二个噩梦又来了。此时德军飞机返回基地，可是法军炮兵已被打哑，法国士兵的士气已经让德国人的轰炸机轰光了。此时，德军步兵粉墨登场，他们乘着充气筏，一鼓作气地杀上河岸的斜坡，法军几乎是没做任何抵抗就从弹药库之类的防守阵地撤退了，他们害怕自己会被杀死或俘虏。

法军防线开始崩溃。晚上8点之后，在离色当8公里的布尔森村，法国重炮兵连一片大乱，他们毁掉了大炮和弹药，逃往后方报警。而这时，只有几支德国步兵部队盘踞在马斯河西岸，所有的坦克和重武器还没有过河，但是对德军进攻的恐惧使法军乱成一团，他们提前就撤离阵地了。

当天午夜时分，古德里安的第1装甲师已经穿透法军阵地，突入相当纵深，并占领了战略要地——马菲高地，工程兵在河上架起浮桥，让坦克和炮兵过河。德军第19集团军第2装甲师和第10装甲师也在晚间全部渡过了马斯河，到了5月14日早晨，第19集团军已经安全建成一座桥头堡，德军迅速集结军队，以准备新的战斗。

古德里安的部队川流不息地经过桥上渡过马斯河，快到中午的时候，A集团军群总司令伦德施泰特上将，也亲自到此处察看实际的情况。古德里安就在桥上的中点位置把当时的情况报告给他听，当时空袭还正在进行之中，伦德施泰特问道："这里的情形总是像这样吗？"古德里安回答他说："是的"。伦德施泰特于是对他部队的英勇表示了赞赏。

同一天，霍特的15装甲军属下的隆美尔第7装甲师，也在西面64公里远的南特附近渡过了马斯河。虽然他们遇到了一些困难，但是得到坦克和炮兵的增援之后，他们也建起了浮桥，顺利地让坦克军团过河。而莱茵哈特率领的第41装甲军也在稍北处的蒙特梅附近强渡了马斯河。14日下午，古德里安的装甲部队已全部渡过了马斯河。这样，截至14日，德国A集团军群的7个装甲师共1,800辆坦克均渡过了马斯河。

马斯河防线一失，通往巴黎和英吉利海峡的道路敞开了，在比利时境内作战的英法部队面临被包抄的危险，陈兵马奇诺防线的法国大军也将腹背受敌，英法这才感到形势严重。英国迅速增派10个战斗机中队与驻法英空军和法国空军一起实施反击。

14日下午，马斯河上空爆发了开战以来最激烈的空战。英军"布雷汉姆"轰炸机和法军最新式的"布雷盖"轰炸机在战斗机的掩护下，直扑马斯河而来，德军约5个联队的战斗机升空拦截，双方投入战斗的飞机各有500余架。从中午到天黑，登陆场上枪炮声连绵不绝，双方战斗机上下翻飞，相互追逐，不时有飞机中弹起火，拖着黑烟下坠，英法飞机胡乱投下的炸弹在河面上炸起一道道冲天的水柱，德军高射炮也不甘示弱，不断以猛烈火力射杀低空潜入的英法飞机。

德军密集的地空火力网令英法飞机成了扑火飞蛾，一批批闯来，又一批批被吞噬。大混战一直持续到夜幕降临，损失惨重的英法飞机悻悻败走，德军渡河浮桥大都完好无损。此战德军击落英法飞机数百架，其中仅是德第2高炮团就包办了112架。英军派出的飞机损失了60%。《英国皇家空军史》称："再没有比这种自杀性的战斗造成的损失更令人痛心的了。"这一天被德国人称为"战斗机日"。在这以后，英法空军只敢在夜间升空活动，战区制空权被德国人牢牢控制住了。

盟军空军没能封闭住马斯河上的缺口，法国陆军也是一片混乱，他们进行了两

▲ 丘吉尔（左）与英法高官们在一起。

次反突击，都因组织不力无功而返。

5月15日，德军截获了一个法军的命令，德军推断那应该就是法军统帅甘末林亲自下的手令，上面有这样一句话："德军战车的狂潮最后必须加以制止！"这个命令使古德里安等人的战斗信心更加坚定，必须倾尽全力地进攻，以使法国人没有还手之力。对于深入敌军腹地的德军坦克部队来说，这不是犹疑不决的时候，当然更不能够停止前进的步伐。

德军装甲集群长驱直入，其威力与速度是战争史上前所未见的。5月15日下午，古德里安在完成色当突破和强渡马斯河之后，马上决定执行后续任务，即向英吉利海峡推进。古德里安孤军冒进，暴露翼侧，这对于执行反突击任务的法国第24军第3装甲师和第3摩托化师而言，是个绝好的机会，如果法军能够抓住这一时机，从翼侧实施迅速而大胆的穿插，分割包围冒进之敌，有可能改变整个战争的进程。然而，法军指挥官没有捕捉这稍纵即逝的时机，在德军装甲部队挥师西进后，第21军军长弗拉维尼报请集团军司令亨齐格将军同意，下令取消反突击，而把第3装甲师分散部署在一条19公里长的战线上，企图封锁德军向西推进的每一条道路。这样反而分散了兵力，让德军得以各个击破。

古德里安为了加快进攻速度，向先行过河的两个师下达命令：只准集中，不准分散。第1和第2坦克师接到命令后，全体改变方向向西推进，越过安德内斯运河，以突破法国防线为目的。

古德里安的第19装甲军的推进速度不但令联军措手不及，而且也令德军统帅部不安，克莱斯特考虑到：装甲部队过河后不能急于向法国纵深推进，要巩固桥头阵地，站稳脚跟，等后面的摩托化师跟上后再考虑推进，否则装甲部队和步兵前后脱节，刚刚到手的胜利会轻易丧失。何况古德里安的装甲军孤军冒进，缺少翼侧掩护，有被法军围歼之虞。因此，克莱斯特命令第1和第2坦克师应停止向西前进，他电告古德里安："严禁超越桥头阵地！"

倔强的古德里安对其上司的命令感到恼火，他不能阻止其坦克纵队向西挺进，他在电话里直截了当拒绝服从命令，他说："这道命令，我既不愿接受，也不能甘心接受，因为这无异是放弃奇袭，丧失一切初步战绩。"

古德里安向上司述说法军此时不会立即组织强有力的反击,德军坦克只有奋勇向前，才是真正没有危险的。在古德里安的坚持下，克莱斯特最后只好同意"准许再继续进军24小时，以扩大桥头堡"，同时叮嘱古德里安不要冲得"太猛"。

可是，古德里安却完全不理会这一套。他指挥3个装甲师开足马力。到了5月16日晚间，这个部队已向英吉利海峡方向推进了80多公里，将步兵远远地甩在后面。而且，古德里安与他的装甲师师长商定：各部队继续加速前进，直到用完最后一滴汽油。

盟军方面，当德军于5月10日发动总攻的时候，英法联军也按照他们针对德军而设定的"D"计划展开了防守。他们以为德军会向第一次世界大战一样会通过比利时中部来发动总攻，于是，第1集团军群主力便火速开赴荷兰的布雷达地区和比利时境内。

其实在当时，法军的侦察机也注意到德军坦克在阿登一带移动的情况，第9集团军的一个师长奥热罗也注意到了德军在马斯、色当的机械化部队的调动，可是，法军司令部对德国军队的意图还是捉摸不清，仍然认为：这是"德军另一攻势的次要方面，主要的攻势继续在比利时展开。"由于联军判断失误和部署失当，战争一开始，联军就陷入了十分不利的境地。

根据"D"计划，由比约特将军指挥的盟国第1集团军群，在德军侵犯国境的时刻，应当向东推进，进入比利时。这一行动的目的是为了拦阻敌军并据守马斯河－卢万－安特卫普一线。在这道战线前面，沿马斯河和艾伯特运河，部署着比利时的主力部队。如果他们能顶住德军的第一次突击，第1集团军群就去接应他们。不过，看来更可能的是，比利时军队会马上被压回来，退到盟军的防线上。事实上，后来的情况正是这样。

联军首领认为，比利时的抵抗可以为英国和法国军队提供短暂的喘息机会,使

FRANCE　二战经典战役全记录
梦断马奇诺

▲ 被俘的法军士兵正在等待被送往战俘营。

他们能够布置新的阵地。除法国第9集团军的危急的阵线以外，这一点是做到了的。在战线极左翼即靠海的那一边，法国第7集团军应当占领那些控制着斯凯尔特河河口的海岛，而且，如果可能的话，还应当向布雷达推进，去援助荷兰人。

　　法国人以为在他们的南面，阿登山脉是不可逾越的壁垒，在阿登山区之南又有巩固的马奇诺防线一直伸展到莱茵河，再沿莱茵河伸展到瑞士。因此，似乎一切都取决于盟军北方各集团军，取决于他们由左侧比利时方面反击的速度和力度。一切事情都是这样非常详细地安排好了的，只要一声令下，远远超过100万人的盟军便可向前猛进。5月10日晨5点30分，英国远征军的总司令戈特勋爵接到乔治将军的电报，命令他："戒备一、二和三"，这就是说，立即准备进入比利时。当天早晨6点45分，甘末林将军下令执行"D"计划，法国最高统帅部准备已久的计划立即付之实行。

☆ "我们被打败了"

在德军的闪击战之下，短短几天之内，色当城失陷，马斯河沦亡。而且，德军源源不断地通过那个缺口涌入法兰西大地，色当那条狭小裂缝很快扩展成为一道巨大缺口。

法国内部一时陷入一片无主的混乱中。英法联军感到局势的严重，开始准备向德军进行反攻。5月14日，坏消息传到了伦敦，如果法兰西大地沦亡，那么英伦三岛将被孤立，英国人自然不愿意看到这一切。下午7时，新首相丘吉尔向内阁宣读了雷诺拍来的电报，电报说，德军已经从色当突破，法国人不能抵抗坦克和俯冲轰炸机的联合进攻，要求增援10个战斗机中队，以便重整战线。事实上，德军克莱斯特集团军群以其大量的轻重装甲部队，已经在法军与之直接接触的战线上完全击溃或歼灭了法军部队，以过去战争中从未有过的速度向前推进。几乎在两军交锋的所有阵地上，德军攻势之猛和火力之强都是无法抵挡的。

面对法国的增兵要求，英国战时内阁一天开会数次，空军上将道丁认为，英国必须保留不少于25个战斗机中队，才能保卫英伦三岛。结果，英国内阁决定，在那个限度内，他们可以为战争冒一切风险，但是不管后果如何，决不能超过那个限度。

英法的飞机被派去轰炸在马斯河上架设的浮桥，但在低空轰炸浮桥时，英国空军由于德国高射炮的炮击损失惨重。法国的装甲部队也向色当反攻过，但法军不是采用坦克和飞机配合的战术，同时，又一再受到德机轰炸，联系中断，前线部队总是处于盲目作战状态。

15日清晨7点半左右，英国首相丘吉尔被唤醒，那是法国总理雷诺打来的电话，雷诺的语音显得非常沉重："我们被打败了！"丘吉尔没有立即回答，于是雷诺又重复说："我们被打败了，我们这一仗打输了。"丘吉尔问："不会败得这样快吧？"雷诺回答说："在色当附近战线被突破了，他们的坦克和装甲车大批地涌了进来。"也许是为了安慰他，丘吉尔说道："所有的经验都表明，这种进攻不久就会停止的。我想起了1918年3月21日那一天。在五天或六天的进攻以后，他们不得不停下来等待补给，这就给我们提供了反攻的机会。这些话，是我当时听福煦元帅亲口说的。"然而，雷诺十分灰心丧气，一再重复他开头那句话（后来证实这句话是千真万确的）："我们被打败了！我们这一仗打输了！"于是，丘吉尔觉得，他有必要到法国去一趟，当面和法国人谈谈。

这一天，柯拉率领的法国第9集团军完全溃不成军，残部分别由在北方接替柯拉的法国第7集团军司令吉罗将军和正在南方组成的法国第6集团军司令部加以整编。法军的防线被突破了一个缺口，差不多有80公里长，通过这个缺口，敌军大量的装甲部队蜂拥而至。5月15日晚间，德军的装甲车已经到了利亚尔和蒙科尔内，这个地方离原来的战线已足足有96公里。法国第1集团军和英国远征军在各自的战线上都被突破了。德军的进攻和英军右翼的法军一个师的撤退，使英军不得不组成一个向南的侧翼防线。法国第7集团军退到斯凯尔特河以西，进入安特卫普的防线，并且被逐出了伐耳赫伦岛和南贝弗兰德岛。深入法兰西平原的德国军队，兵分两路：一路朝巴黎方向逼近，一路沿着宽阔平坦的公路向英吉利海峡推进。

狂胜之余的德军内部，也并非是没有一点问题。如英勇奋进的古德里安和他谨慎的上司克莱斯特，就一再发生冲突。15日晚的冲突，最终是以克莱斯特的稍稍让步而解决的，于是，古德里安又赢得了24个小时的闪击时间。

速度一直是古德里安的看家法宝，克莱斯特叮嘱他不要冲得"太猛"，可他依然我行我素。他指挥手下的3个装甲师开足马力，到了16日晚间，他已向英吉利海峡方向推进了80多公里，将步兵远远地甩在了后面。到达马尔勒附近，其中第

▲ 隆美尔（左一）与被俘的英法联军军官在一起。

▲ 古德里安（左）与手下将领制订作战计划。

▲ 法军炮兵正在构筑工事。

▲ 隆美尔（图中画圆圈者）正观望他的摩托化步兵渡过马斯河。

1 装甲师已推进到瓦兹河沿岸的里布蒙，并将继续勇猛前行。

　　另一块阵地上，隆美尔的第 7 坦克师也是一马当先，隆美尔亲自站在坦克上督促部队前进。炮兵和坦克的猛烈射击使法军阵地沉默下来，坦克通过障碍物和铁丝网碾过了阵地。德军的坦克师一边前进，一边轰击路旁的可疑目标。沿途的许多建筑物被轰出火来，德军坦克经过的路途都成了一条火道，而附近的村庄则成了废墟。

　　其实古德里安的推进也并非是一路顺风的，除了前几天遇到法军的反突击外，17 日这一天又遭到戴高乐上校指挥的第 4 装甲师的阻击。戴高乐指挥部队往北推进

19公里，前出至蒙科尔内，在那里顽强地抗击敌人，迫使德军装甲部队放慢了推进脚步。

戴高乐的第4装甲师虽然没有从翼侧切断德军的联系，却让德军统帅部受到了震动。希特勒为他英勇的坦克部队忧心忡忡。5月17日中午，在最高统帅部举行的情况分析会议上，希特勒强调主要危险来自南面，他命令应加强南翼的掩护。参谋长哈尔德认为他是神经质地紧张，借口担心左翼，其实是希望坦克部队能够立即停下来。希特勒不希望因为冒进而丧失了目前的大好时机。

19日，德军陆军情报局未侦察到被他们认为已掉到北方陷阱里的75万同盟国士兵，希特勒又一次惊慌起来，在当天的几个钟头里，他一直认为这部分英国和法国部队终于南逃成功。直到5月20日，这一场主观臆造的危机才算结束。

陆军情报局进行了徒劳地争辩，认为法国目前只关心他们自己的安纳河和索姆河的防线，从无线电情报中，发现了在凡尔登西部有一个新的法国陆军司令部，空中侦察也证明，从法国的运输活动上看，法军很重视防御。

但是希特勒总是不相信，他驱车到伦德施泰特的A集团军群司令部，神经质地研究了地图，返回自己的大本营时，他大肆渲染所谓来自南部的危险，并向身边的人散布了他的忧愁情绪。他进一步强调说，南翼不仅具有作战上的重要性，还具有政治和心理上的重要意义，现在，无论在什么情况下都不能有丝毫失误，因为这不仅会从军事上，而且还会从政治上极大地鼓舞敌人。

在他的积极干预下，A集团军群下达了命令，让先遣部队暂时停止行动。于是，克莱斯特再度命令古德里安暂停前进，好让较慢的步兵师赶上来，在法国穿过去之前，加强侧翼保护。但倔强的古德里安对这个命令依旧不予丝毫理睬。

5月17日上午7时，克莱斯特来到古德里安设在蒙科尔内附近的指挥所，训斥这位指挥官不服从命令，他要古德里安立即停止前进，而他本人马上飞回兵团司令部进行工作汇报。

古德里安对上司的命令很生气，他认为此时正是应该一鼓作气，才能打垮盟军士气。气愤之下，他向上司提出辞职。克莱斯特听到古德里安的辞职请求，先是有些惊慌，后来又表示了同意，并且命令古德里安把职务交给一位资深的部将。

但是，A集团军群总司令伦德施泰特不同意古德里安的辞呈，却也不赞成他原来的冒进措施。他采取了一个折中的方案，向古德里安下达了"继续进行战斗侦察，但军部必须停止原地不动，一边保持联系"的命令。

接到这个命令，古德里安如获至宝。他充分利用他的权力，对"战斗侦察"进行了灵活的理解，用他的整个第1和第2装甲师进行了"侦察"！他钻了个空子，现在，他的部队正在一路"侦察"着，全力朝英吉利海峡奔赴过去。

德军的进攻十分顺利，但希特勒却心中无底，他担心陆军要毁掉整个战役。对此，哈尔德在日记中写道：5月17日这一天过得很不和谐，这是"很不愉快的一天，元首非常紧张不安。他为自己的成功而担心，不愿冒任何风险，并要约束住我们，这全是由于他对左翼的担心！"18日并不比前一天好多少，哈尔德记述："元首对南翼有一种莫名其妙的担心，他狂怒地尖叫着说，我们正走向破坏整个作战计划和冒失败风险的道路，他决不赞成继续向西进军。"正是因为这个原因，希特勒和陆军总司令布劳希奇及总参谋长哈尔德不断争吵。

正在前线"侦察"的古德里安当然听不到希特勒的号叫，他的坦克履带转动速度甚至比以前还快，像古德里安或隆美尔这样的人的指挥风格与其敌人采取的缓慢而又墨守成规的战法之间有着天壤之别。古德里安的参谋尼根记述他的上司工作风格，说他每天带着通讯兵出发，"这样他就可以直接从前线指挥整个部队的行动。外出时他一直与我们保持无线电联络，晚上他回来后总会召开一个衡量形势的讨论会。他的这些方法证明很有效率并被推广到整个坦克军。"

法比平原上，德军一支拥有7个坦克师的强大楔形队伍沿索姆河北岸向西疾驰，他们每昼夜行进20～40公里。德军行军速度太快了，以至于在路上遇到一股股溃散的法军士兵，都不愿耽搁时间下车去俘虏，而是仅用扩音器喊到："我们没有时间俘虏你们，你们要放下武器，离开道路，免得挡路。"英国一个炮兵连正在

▲ 法军坦克正向德军发起反击。

★ 这是一张隆美尔用莱卡相机拍摄的照片：一架德军飞机正从隆美尔率领的装甲部队上空飞过。

★ 在法国境内集结的德军装甲部队。

操场上进行开火演习时被俘，当时炮手们的手里只拿着空炮弹。德军的坦克碾过了一战时的著名战场，世易时移，这里曾经是他们的屈辱地，现在他们从这里找回了光荣，他们将是这块土地上的新主人了。

5月19日，古德里安的部队攻陷亚眠。次日，德国坦克穿过大火熊熊的索姆河口，在阿布维尔港附近抵达英吉利海峡。晚上8点，第2装甲师的一个营开进海边小镇努瓦耶尔，坦克手们虽然疲惫却很高兴，因为他们可以眺望大海了。仅仅一天时间，他们就令人难以置信地前进了100公里。

这时的德军统帅部也没有料想到，在法国境内的战斗会进行得如此顺利。约德尔在其日记中记载道："元首欣喜若狂，他看到胜利和和平都掌握在他手里。"德军决策者放松了警觉，因此，一时不知怎样部署兵力才好。等到次日，他们才给坦克部队下令：由阿布维尔向北推进，以占领海峡的诸港为目标。

古德里安一接到命令，便立即决定：第10坦克师向敦刻尔克前进；第1坦克师向加莱前进；第2坦克师向布洛涅前进。古德里安深知，他所在的A集团军群构成的从色当到法国西海岸的进攻线，已经切断了法军从北部南逃的退路。而北面博克的B集团军群已攻占了荷兰及比利时东部，70万余英法联军主力的左翼实际上已处在德军的深远包围之中。眼下对方得以逃脱的惟一希望就在包括敦刻尔克在内的法国北部的几个海港。因此，他一定要迅速占领这几个海港，以彻底切断对方的海上退路。他这样预言："我们浪费了两天时间。但我们将要在敦刻尔克把这两天补回来。"

眼前的一切都在朝德军有利的方向进行，英法联军的几十万大军，眼看就要被德军围困在敦刻尔克地区了。

第4章

CHAPTER FOUR

低地国家的覆亡

作为法国这道大餐的餐前小吃，对于吃掉荷兰和比利时，希特勒也丝毫不敢大意，事先他就进行了周密详细的计划……德军袭击了本国的一所大学城，反诬比利时和荷兰……希特勒命令德军对鹿特丹实行"地毯式"轰炸……埃本·埃马儿要塞是艾伯特运河防线上的一把"锁"……30个小时夺取埃本·埃马儿炮台……戈培尔说埃本·埃马尔要塞是被德军最新式的"秘密武器"攻克的，搞得满城风雨、神秘莫测……希特勒对比利时人的投降条件回答是："要求无条件投降。"

☆ 征服荷兰

作为法国这道大餐的餐前小吃,对于吃掉荷兰和比利时,希特勒也丝毫不敢大意,事先他就进行了周密详细的计划。

首先,他召集大本营人员就"镰割"计划的细节进行最后一轮秘密讨论:大家都支持要夺取荷兰和比利时的桥梁、要塞,消灭各个据点的滑翔机和伞兵,伪装成"荷兰警察",要向荷兰女王提交一份要求该国不予抵抗的秘信,约德尔选派的无线电侦察小分队要直接向他报告攻夺桥梁及埃本·埃马尔炮台的军事行动。

其次,由于荷、比两国是中立国家,像历次入侵都要制造冠冕堂皇的理由一样,这一次,希特勒也找到了一个很好的"理由"。

5月9日晚,德国人派出飞机对德国的一所大学城弗赖堡进行恐怖袭击,一所女子寄宿中学和一所医院被炸毁,死伤数百人。德军统帅部诬陷这次行动乃是荷兰和比利时所为,找到了向这两个中立小国进攻的借口,并于5月10日凌晨向两国同时发动进攻。

德军越过边界后,荷、比两国才收到内容相同的德国照会。照会指责两国违反中立法,声称德国政府不愿坐等英法的进攻,不能允许英法通过比利时和荷兰向德国采取军事活动。这真是强盗的逻辑!

荷兰和比利时迅速作出反应,它们试图把抗议德军入侵的照会交给德国外交部,但遭到德国人的拒绝。荷兰女王威廉明娜当天发表声明说:"对这一史无前例的背信弃义和破坏文明国家之间一切正当关系的行为提出愤怒抗议。"

说起荷兰的防务,1937年荷兰的柯立恩首相访问英国会晤丘吉尔时,曾详细讲过荷兰洪水的惊人效力。他不无得意地说,他只需从恰特维尔的午餐桌上用电话传一道命令，就可以按一下电钮用无法抵挡的洪水挡住侵略者。其实，水战在古代的步战中或许有用，在现代战争中是起不到什么作用的。

德国人其实也考虑到荷兰这个低地国家的洪水防御。他们的对策是，主要采取空降部队奇袭广大的洪水防线后方，出奇制胜。

荷军总司令温克尔曼中将对德国空降部队突击"荷兰要塞"的威胁了如指掌，他不断提醒其部下注意防范。但荷军大多数军官对此并不重视，他们过于相信哥雷比－皮尔防线、洪水的威力和盟军实施支援的诺言。

5月10日凌晨，德军博克将军率领的B集团军群奉命入侵荷兰和比利时中部。尽管由于德军A集团军群主攻南部，博克的兵力已被削减，因而令其十分懊恼。但是，该军的战局对德军的全面胜利至关重要。德军此处有两个精锐的空降师——施图登特的第7空降师和斯庞尼克的第22空降师。这两个师将负责攻占荷兰内部的战略要点——桥梁、机场及政府大楼，并等候地面部队的到来。

在荷兰方面，德国人的首要目标是占领首都，俘虏女王和政府人员，这和一个月前进攻挪威的计划是一样的。荷兰政府已有所警觉，机敏地拒绝了希特勒特使基威茨少校谒见威廉明娜女王的要求。

凌晨3时30分，德军对荷兰的瓦尔港、海牙、阿姆斯特丹、希尔维萨姆等地实施航空火力准备。在轰炸海牙兵营时，由于德军未及时发出空袭警报，致使约800名荷兰士兵被炸死在床上。德军的航空火力准备不断，一直持续到运输机进入空降地区。

夺取海牙的任务主要由德军第22空降师执行。晨曦中，德军很难确定机场的位置，许多空降部队从飞机上一窝蜂般落下来之后，落地点与其既定目标相距甚远。随着德军运输机逼近机场，荷兰军才开始觉察，步兵从惊惶中醒来，立即开火，炮兵也赶来支援。两军短兵相接，竟日激战。德国空降部队孤立无援，荷军经过在海牙周围的一系列协同良好的反冲击之后，将主动权从德军手里抢了回来。

德军第22空降师师长斯庞尼克的座机被荷军的高炮击中，受了伤的运输机费

▲ 德军用充气船在荷兰一座断裂的桥旁搭建简易浮桥。

了好大的劲，才降落在靠近森林的一块空地里。海牙周围到处是德军被迫降落的运输机和空降人员，大部分人员被分割在数个地方，进行独立战斗。天黑之前，斯庞尼克把各小股部队集合起来，约有数百人，在海牙郊外的奥弗赖斯希构筑了"刺猬阵地"，由于兵力太弱，无法向市区进攻，又没有任何控制住的简易机场，其攻占荷军统帅部的任务眼看无法完成。10 日傍晚，无奈之下，斯庞尼克放弃了原来的计划，停止了对海牙的进攻，转而向鹿特丹北部挺进。

荷兰人虽然暂时赢得了这场恶战，保卫了首都和重要政府机关。但是，它的大量后备部队被德军部队牵制，不能调到其他迫切需要的地方去支援战争。

相对而言，德军第 7 空降师的运气则要好的多。着陆的空降部队攻占了鹿特丹南部的瓦尔港机场、马斯河上的莫尔迪克桥梁，以及多尔莱希特镇。而且，由轻武

▲ 1940 年 5 月，一群德军步兵在向低地国家攻击的途中做短暂的休息。

器装备的德军空降部队能够抵挡住荷兰军的反击，并守住这些要地。

第一天的战斗中，最大胆的军队调遣是夺取鹿特丹的威廉姆斯桥行动。当第一抹曙光微现时，德军的12架水上飞机载着150个步兵和战斗机械师，在鹿特丹港口中心区的马斯河上着陆，这些水上飞机驶向威廉姆斯桥，然后将这些部队投入橡皮艇中。德军夺取了大桥两头，但随即遭到荷兰军队的猛烈炮击。德军空降部队及时赶来救援，5月10日一整天，双方为争夺这个大桥进行了残酷的战斗，饱受重创的德军只是勉强守住了阵地。最后，从瓦尔港赶来的德军增援部队赶到，才保证了桥上力量的对垒优势向德方倾斜。

在夺取马斯河上主要桥梁——根纳桥之时，德军采用了狡猾的手段：5月10日拂晓，看守根纳桥的荷兰士兵看见一群身着荷兰警察制服的人（这些人其实是荷兰法西斯分子或会说荷兰话的德国人）正押送着一群德国"犯人"（身藏手榴弹和半自动枪）向大桥走来。接着双方发生混战，荷兰守军寡不敌众，被迫撤退，拱手让出根纳桥。德军装甲部队随后碾过了桥上的防线。

德军正面进攻的第18集团军，于5月11日突破了整个哥雷比－皮尔防线。当荷军企图往鹿特丹撤退时，发现德军已占领了构成主要水上障碍的那些桥梁，于是荷军的退却部队更是溃不成军。荷兰军被切成两段，德军赢得第一阶段战斗的胜利。

当德军驶向鹿特丹的同时，盟军吉罗将军率领的法国第7集团军的装甲先头部队正沿比利时海岸线前进，按指定援助计划进入荷兰。但当吉罗到达布雷达时，发现并无荷兰军队与其会合，因为荷军已北撤保卫遭德军空袭的鹿特丹，吉罗分散了兵力。在5月11日中午左右，法军在鹿特丹南部蒂尔堡附近遭遇德军第9装甲师的先头部队。法军对这么快就与敌军不期而遇感到吃惊，在德国空军袭击之下，法军后退并撤出鹿特丹，留下荷军与德军交锋。实际战斗仅仅进行了两天，甘末林曾大肆吹嘘的"布雷达方案"就这样流产了。

5月12日，德国装甲部队及党卫队与不堪重负的空降部队会合后，死守其毗邻鹿特丹南部的阵地。现在德军地面部队发动对荷兰第二阶段进攻的路线已清晰可见——即进攻荷兰腹地,包括主要城市如鹿特丹、海牙、阿姆斯特丹等。由于德军已完全控制了荷兰领空,第二阶段的行动就显得轻松多了。

5月12日晚,荷兰女王及内阁大臣接到荷军总司令温克尔曼的报告说:已没有任何希望顶住德军的进攻了。

5月13日,德军向海牙、鹿特丹等地发动强攻。威廉明娜女王和王室成员、政府大臣,登上英国皇家海军的驱逐舰逃往伦敦,在那里组织流亡政府,继续抵抗。临走时,女王授权温克尔曼将军作为全权代表在适当时机宣布投降。

此时,"荷兰要塞"鹿特丹仍然还在荷兰军民手里。荷兰人封锁了鹿特丹大桥的北端,德军的坦克无法通过。13日16时,德军开始敦促鹿特丹的荷军投降,经过一天的谈判,没有结果。

5月14日清晨,荷兰人的情况非常紧急,但还没有绝望,海牙附近德国强大的空降部队,不是被俘虏就是溃散到周围的村庄去了。德国人为荷兰的顽强抵抗感到大为震惊。焦躁不安的气氛笼罩着希特勒的大本营,约德尔的一位官员带着一辆无线电卡车,直接报告着前线的状况。

鹿特丹还未攻下来,希特勒急了。德军最高统帅部急于从荷兰撤出装甲师和支援部队,以便支援在南方——法国那里的更重要的战局。他们对于鹿特丹出现的胶着状态很不满意,想尽快解决荷兰问题。

5月14日凌晨,希特勒发出了他的第11号指令。在指令中,元首指出:"在北翼,荷兰陆军的抵抗力比原来设想的要强些。政治上和军事上的原因,要求我们在短期内粉碎这些抵抗。陆军的任务是,以足够的兵力从南面迅速摧毁荷兰要塞,以配合对东面敌人防线的进攻。"为了达到尽快压迫荷兰人投降的目的,他命令从比利时前线的第6军团调来一些空军大队,来帮助进攻"荷兰要塞"的德国部队。

希特勒还向空军元帅戈林下了一道特别命令,要求他出动德国轰炸机群,对鹿特丹实行"地毯式"轰炸,让荷兰人尝尝德国空军"铁拳"的厉害,这样它就会乖乖地投降。

▲ 挪威军队从高处向德国自行车部队射击，德军士兵趴在地上还击。

▲ 德国步兵在鹿特丹附近与伞兵部队士兵会合。

▲ 1940 年 5 月 14 日，一名荷兰军官向德军投降。

▲ 鹿特丹在中午时分遭到空袭。这座被炸毁的楼房废墟正在被火苗所吞噬，在这次不到 15 分钟的空袭中，就有 814 名居民遇难。

德军在调兵遣将的同时,又施一计。5月14日上午,德国第39军的一个参谋军官,举着一面白旗,跨过鹿特丹桥,要求守军停止抵抗,向德军投降。他警告说,如不投降,就要遭到轰炸。谈判于是开始进行,一名荷兰军官到了离桥不远的德军司令部讨论详细条款,然后把德军条件带回来。就在这时,德军对鹿特丹实施了突然轰炸。

随着轰炸机令人恐怖的轰鸣声,炸弹如暴雨一般落了下来,爆炸声此起彼伏,鹿特丹上空不时涌起一团团浓烟。轰炸过后,鹿特丹的城市中心成了一片废墟。这次大轰炸,造成大约800名无辜居民死于非命,几千人受伤,七八万人无家可归。法西斯纳粹这种不讲信用、毫无道德的举动,蓄意的残暴行为,荷兰人是永远不会忘记的。

鹿特丹市被迫放下武器,接着就是荷兰武装部队的投降。5月14日黄昏,荷兰武装部队总司令温克尔曼通过广播命令他的部队停止抵抗。5月15日上午11时,总司令与纳粹签署了正式投降书。

从作战开始,到战争结束,仅仅5天时间,荷兰便落到了纳粹铁蹄之下。但是结束的只是战斗,此后5年,法西斯的恐怖统治就像黑夜一样笼罩着这个文明小国。

"荷兰要塞"的沦陷,荷兰人的迅速败亡,对盟国的战术家们的心理打击着实不小。当荷军彻底崩溃的消息传出后,盟军的士气又一次遭到挫伤。现在,德国的侵略重心调转了方向,瞄准了比利时。

☆ 飞夺埃本·埃马尔要塞

也是在5月10日,德军开始进攻比利时,这个进攻是从鲁尔蒙特以南向安特卫普和从阿登向布鲁塞尔两个方向发起的。

第一次世界大战后，西欧各国为了防御德国的侵略，在与德国相邻的边境上都构筑了坚固的防线。在荷兰为哥雷比－皮尔防线，在法国为马奇诺防线，在比利时即为艾伯特运河防线。这三条防线自北而南，互相衔接，连绵数百公里。

比利时在战争爆发之前还未最后确定战争的打法，对于固守哪块阵地也还未作出抉择，要根据德军进攻时的兵力再做调整，因为艾伯特运河防线掩护了整个比利时国土，所以军队重点配置在这一线。因此，比军22个师里有12个师扼守艾伯特运河。

由于艾伯特运河是为了防止德国经由比利时发动进攻而专门修建的筑垒运河，河岸陡峭，遍布防御工事，尤其还有运河边的埃本·埃马尔要塞扼守着运河，因而构成了被认为可与马奇诺防线相媲美的最可靠的反坦克防线。德军要进攻亚琛－马斯特里赫特－布鲁塞尔一线，就必须渡过这条运河。如果德军第6集团军在艾伯特运河受阻，那么德军的进攻就会在还没有发挥其锐气之前停滞下来。为此，德军决定首先于1940年5月10日空降突击埃本·埃马尔要塞，并夺取埃本·埃马尔要塞西北部的艾伯特运河上的3座桥梁：坎尼桥、弗罗恩哈芬桥、费尔德韦兹尔特桥。

埃本·埃马尔要塞地处荷兰与比利时国境的比利时一侧，位于马斯特里赫特城和维斯城之间。该要塞是艾伯特运河防线的一个重要组成部分，是马奇诺防线北面延伸部的强大筑垒和重要支撑点，同时也是比利时东部防御体系的核心。其炮兵火力可控制艾伯特运河和马斯河16公里之内的所有渡口。要塞建筑在一个花岗岩的小高地上，高地南北长900米，东西宽700米。它的东北和西北面几乎是垂直的断崖峭壁，高约40米，水势滔滔的艾伯特运河流经崖下；南面横隔着宽大的反坦克壕和7米高的防护墙。要塞的各个侧面都被所谓的"运河带"和"堑壕带"包围着，并筑有钢筋水泥碉堡，里面配有探照灯、60毫米反坦克炮和重机枪。要塞东面的马斯河与艾伯特运河平行，形成外围障碍。

埃本·埃马尔要塞实际上是一个精心设计建造的堡垒群。它是仿照马奇诺防线的错综复杂的防御工事构筑的。乍一看，每座堡垒仿佛都是零散分布在一块五角形

▲ 前往埃本·埃马尔的德国滑翔机正从比利时农田上方飞过。

▲ 从埃本·埃马尔要塞的悬崖上俯瞰艾伯特运河。

的区域内，但实际上，它是一个把炮台、转动式装甲炮塔、高射炮阵地、反坦克炮阵地、重机枪阵地等巧妙地结合起来的防御体系，各部分之间由长达4.5公里的地下加固坑道和交通壕连接在一起。每件武器都经过精心地布设，以便使之发挥最大效力。要塞对任何方向都便于观察。通入要塞的每条坑道都可以阻止敌人的进攻。在要塞的上面没有暴露的石工痕迹，也没有暴露阵地的建筑物，到处长满了杂草。在要塞顶部有4座暗炮塔，用液压升降机供给弹药，并可随时缩入地下。为了迷惑敌人，比军还在要塞各处设置了假炮塔。要塞是在和平时期由一批专家设计，经过3年精心施工，于1935年竣工的。它在当时被列为欧洲最重要的防御阵地之一和世界上最坚固的要塞，并被形象地比喻为比利时东边的"大门"，艾伯特运河防线上的一把"锁"。

人们普遍认为该要塞固若金汤，坚不可摧。在这座现代化要塞的建造上，尽管比利时军队绞尽了脑汁，但因要塞主要是为了防御地面进攻，所以有一点他们没有考虑到，那就是敌人有可能来自空中，降落在炮台和装甲炮塔之间的空地上。

埃本·埃马尔要塞的防守部队共1,200人，由桥特兰德少校指挥，属第7步兵师。全部人员均可处于距地面25米以下的掩体内，并备有可供长期使用的饮水、食品以及大量弹药。要塞的武器配备齐全，沿着要塞的外缘，在壕沟和河旁，还有很多掩体和掩蔽壕，以及互相支援的火力发射阵地。对于一般的炮击，埃本·埃马尔要塞无疑是可以经得住的。

埃本·埃马尔要塞西北侧艾伯特运河上的坎尼桥、弗罗恩哈芬桥和费尔德韦兹尔特桥，是由东向西越过运河的必经之途。每座桥梁由1个班防守，包括1名军官和12名士兵。各桥配备有反坦克炮1门和机枪等其他轻武器。为防止万一，桥墩上安放了炸药，随时都可以对桥梁实施破坏。平时这3座桥的守备分队属埃本·埃马尔要塞指挥，在要塞炮兵火力的控制之内。而且增援部队相距不远，一旦桥头吃紧可及时到达。即使桥梁失陷，埃本·埃马尔要塞的大炮也能制止对方的前进，使对方不管夺取哪座桥，都得付出巨大的代价。

1940年5月10日4时30分，41架容克－52飞机拖着DS－230型滑翔机从科隆的厄斯特哈姆和布兹韦勒哈尔机场起飞，战争史上一次极其大胆的作战行动就这样开始了。路道上，滑翔机被拖曳着向前滑行，很快起落架的震动声消失了，眨眼之间滑翔机便一架一架地飞越机场围墙，跟着容克－52飞机不断爬升。

尽管天色还是一片漆黑，并且拖曳着沉重的滑翔机，但运输机都没出什么问题。这些飞机在科隆南部的绿色地带上空的集合点汇齐后，开始向西沿着一直延伸到国境线的"灯火走廊"飞行。飞机下面是埃弗伦附近的十字路口，在那里可以清楚地看到第一个灯标，接着，依次又看见一个又一个灯标。所以尽管是在漆黑的夜色中飞行，飞机仍能保持正确的航向。这些灯标将一直引导飞机飞到亚琛附近的预

▲ 德军突击队员正从滑翔机上跳下来，快速地跑过带有铁刺的护栏。

定"分手点"。41架滑翔机上的突击队员们都倚在横贯中央的大梁上，时而热得出汗，时而又冷得发抖。

10日凌晨3时10分，埃本·埃马尔要塞指挥官桥特兰德少校接到第7步兵师司令部"要严加戒备"的电话，他立即命令部队进入临战状态。监视哨不时地从装甲碉堡中向外观察，严密地监视着漆黑的四周。两个小时平安地过去了，天色开始微微发亮。突然，从荷兰国境的马斯特里赫特方向传来了激烈的炮声。在埃本·埃马尔要塞的碉堡中，比利时炮手已做好高炮的战斗准备，他们以为是德国轰炸机要来袭击这里，可是侧耳细听了老半天，也没有听见飞机发动机的声音。

而就在这时，德军滑翔机利用微明的天色悄悄地从侧后进入，降落下来。夺取要塞表面阵地的突击分队的9架滑翔机，一架接一架地在长满杂草的要塞顶部的预定地点滑行着陆，由于带有减速装置，着陆后只滑行了20米。比利时的哨兵看着这群幽灵似的"巨鸟"突然降落在他们跟前，个个被惊得目瞪口呆，竟没有及时发出警报。德军突击队员和驾驶员从滑翔机上冲下来，并按预定计划立即开始突击。在带着大量炸药的工兵带领下，他们直向爆破目标冲去，为了掩护进攻，有几个人投了发烟手榴弹。

顷刻之间，第一声爆炸响彻了整个要塞——这是比军绝大部分守卫部队所听到的惟一警报。紧接着，德军突击队员们使用手榴弹和炸药包，连续快速地逐个对炮塔、碉堡、坑道口进行破坏，用冲锋枪进行扫射。一门门要塞火炮被摧毁，一些比利时士兵战战兢兢地举起了双手。突击队经短促战斗，不到10分钟就炸毁和破坏了要塞顶上的所有火炮和军事设施，并控制了要塞的表面阵地。看不见外面情况而又被巨大爆炸声搞得晕头转向的比利时守军慌做一团，一筹莫展，只能猜想上面所发生的事情。这时要塞顶上的作战活动其实已经完成，只待突击队的工兵为打通坑道网洞口而进行的有组织爆破了。

夺取3座桥梁的突击分队的滑翔机均按计划分别在桥的西端着陆，从哨所背后出其不意地向桥梁猛扑过去。费尔德韦兹尔特桥和弗罗恩哈芬桥的守卫部队还没有

▲ 德军士兵在喷火器的掩护下正在接近埃本·埃马尔要塞的一个水泥碉堡。

▲ 1940 年 5 月，向比利时东部的战略要地——埃本·埃马尔要塞前进的德国士兵正划船穿过艾伯特运河。

FRANCE 二战经典战役全记录
梦断马奇诺

▲ 短短几天内，德军攻占了布鲁塞尔等战略要地，这是一群比利时士兵向德军投降。

来得及做出反应，德军便迅速、完整地占领了这两座桥，而坎尼桥在德军袭击时已被炸毁。德军突击队攻取桥梁的战斗，得到德军高炮营的88毫米大炮以及俯冲轰炸机的有力支援。

当夺取埃本·埃马尔要塞的德空降兵还在进行突击的时候，大批德国"施图卡"式俯冲轰炸机就已到达，它们对通往要塞的道路进行了轰炸和扫射，封锁了通向要塞的所有通路，使其断绝了外援。比军的桥特兰德少校发现要塞顶部已被德军占领，他一方面组织反冲击，一方面要求要塞附近的炮兵进行火力支援，向这里轰击。邻近的碉堡立刻作出反应，火炮开始射击。但是"施图卡"式俯冲轰炸机很快就发现了这些火炮的炮口火焰，便集中全力，迅速摧毁了这些炮兵掩体和火炮。天亮以后，比利时第1军的1个野战炮兵营开到了埃本·埃马尔要塞附近，准备炮击要塞上的德军，但由于没有高射炮兵，这个野战炮兵营还未来得及进入射击阵地，其大炮就被德军的俯冲轰炸机轻而易举地全部炸毁了。

上午7时，德军突击队第2梯队到达，300名伞兵成功地空降到要塞顶上，突击力量得到增强。在这些伞兵空降的同时，德军还在阿尔贝运河西部40公里纵深的广大地区投下了假伞兵。这些假伞兵是穿着德国军服的草人，伞具绑在它们的身上，为了模拟枪声，还在假伞兵身上安装了自动点火炸药。这些假伞兵确实起到了扰乱比利时军队的作用，他们只得又腾出一批力量去迎击这些出现在背后的"新敌人"。

桥特兰德少校在要塞里曾组织了几次反冲击，企图把德军从要塞上边赶走，但都没有成功，于是他只好把力量仅限于阻止德军空降兵打进来。要塞尽管失去了大部分火炮，但并没有陷落。因为要塞四周的地下防御体系和运河堑壕连在一起，德军无法从上面接近。这样，德军空降兵也只能控制表面阵地，双方一时间处于相持状态。

从上午8时起，比军第1榴弹炮兵团开到埃本·埃马尔要塞北面，在要塞外向要塞顶部的德空降兵进行火力袭击，但在"施图卡"式俯冲轰炸机的攻击下，炮兵团的袭击未能奏效就败了回去。随后，比军第7师又组织了1个步兵营向要塞推进，准备反击，但这支部队也被德军发现，"施图卡"式俯冲轰炸机立即转回来对该营进行轰炸扫射，使其无法接近要塞。

5月10日全天，德军都在埃本·埃马尔要塞进行"拔钉子"战斗，有的战斗小组甚至从高达40米的断崖上把炸药吊下去爆破。时间一小时一小时地过去了，收缩在要塞内部的比军痛苦地忍受着德军的折磨。

德军第6集团军在德军空降突击的同时，从正面向比利时发动了进攻。由于空降兵控制了埃本·埃马尔要塞外部，使要塞的枪炮不能发挥火力去阻止德军的前进，德军正面进攻部队顺利地突破了比军前沿防线，渡过马斯河，于当天黄昏抵达艾伯特运河东岸，并接替了夺取桥梁的突击队。夜幕降临后，德军派出1个由50人组成的工兵组用橡皮船偷偷渡过被水淹没的地区，摧毁了那座暗炮台和剩下的另外几座暗堡，11日凌晨，该工兵营顺利通过了运河，登上要塞，然后在空降兵的协助下,对钢筋混凝土的地下工事、坑道等进行连续爆破。整个11日上午,埃本·埃马尔要塞一直在爆破的震撼之下抖动,同时德军工兵手持喷火器和自动武器向要塞纵深推进,中午时分,比利时守军派出了谈判代表,桥特兰德少校请求投降,埃本·埃马尔要塞陷落。

在夺取要塞的战斗中,德军空降突击队以突然的行动获得了巨大战果,打死打伤比军110余人,俘虏1,000余人,而德军仅付出亡6人、伤19人的代价。这个号称世界上最坚固的要塞,德军在30个小时内便攻下了。

埃本·埃马尔要塞的陷落,从军事意义上说,预示着盟军从阿尔贝运河至马斯河的防线全面瓦解,这样,德军第6集团军就可以顺利地开进比利时内地,更好地控制整个战局。

从心理上说,这次战斗笼罩着一种神秘的气氛。这么强大的要塞为何会轻易地失守?这一问题令许多盟军迷惑不解。特别是法国人开始怀疑其至关重要的马奇诺防线是否真的攻不破?希特勒的得力宣传部长戈培尔更不愿放过这么一个好机会,他高效地开动他的宣传机器大肆渲染,说什么埃本·埃马尔要塞是被德军最新式的"秘密武器"攻克的,搞得满城风雨、神秘莫测。

德军空降突击埃本·埃马尔要塞,是战争史上第一次使用拖曳滑翔机作战的大胆尝试。埃本·埃马尔要塞的陷落,使德军突破了艾伯特运河的防线,为地面部队打开了通向比利时心脏布鲁塞尔的大门。

☆ 比利时无条件投降

在攻克这个堡垒之后,德军赖歇瑙将军指挥的第6集团军继续向前推进,霍普纳将军的第16装甲军向埃本·埃马尔以西展开进攻。随后,防守艾伯特运河的比利时各师开始向西全面撤退。德军绕过用巨大的壕沟防卫的列日要塞向前猛扑。

5月12日，比军沿马斯河阵地向后撤退，防守他们的第二条防线：安特卫普——那慕尔防线。

盟军虽然惶恐不安，但是依然按部就班地执行了原定的"D"计划，法军第1集团军群开进了比利时。由于"假战争"之后数月期间毫无动静，盟军上阵战斗都有一种轻松的感觉。布鲁克中将这样描述他当时不相信战争迅速降临的感觉："很难相信在这样一个春光明媚、万物复苏的日子里，我们正跨出第一步，去参加历史上最大的战役之一。"他们虽然能够按照原计划行动，可是对突发事件的反应似乎是迟钝的。

5月13日，法军第1集团军的先头装甲部队同德军第16装甲军在日昂布鲁遭遇，展开了第二次世界大战首次大规模坦克战。

这是一次钢铁和钢铁的碰撞，数百辆坦克混战一团，炮弹的爆炸和坦克的吼叫使大地呻吟，尘土飞扬、弹片横飞、浓烟滚滚，大地变成了灰褐色，天空一片昏暗，地平线消失了，阳光失散在烟雾中。

此时，在比利时东南方向的阿登山区，德军A集团军群已在德比边境粉碎了比利时边防部队的抵抗，并渡过马斯河，攻入不设防地带。英法联军的将领们如梦初醒，他们这时才意识到，对于德军主攻方向的判断完全错了，德军的主攻方向在色当。更可怕的是，德军强渡马斯河后如果迅速向索姆河口推进，就随时可能从南面包围位于比利时的英法联军。

5月15日上午，荷军投降的消息传到比利时。为避免英法联军主力被德军围歼，下午5时，联军总司令甘末林命令英法联军从比利时迅速后退。5月16日，英法联军开始撤离比利时。在此情况下，比军只好放弃安特卫普－那慕尔防线，仓促退守到后方没有构筑工事的阵地上。

可以理解比利时人是怀着苦涩的心情接受撤退命令的，因为他们不得不将大部

▲ 攻下埃本·埃马尔要塞的德军伞兵。

分领土拱手让给侵略者。比利时军副参谋长德鲁索将军对此评论道："这个命令犹如晴天霹雳，接着比利时就投降了，这成为我对这次战役最糟糕的回忆。"

比利时后方的阵地是不堪一击的。比军仓促组成的新防线迅速又被德军突破，5月17日，德军占领比利时首都布鲁塞尔。

此后，比军并没有立即就放下武器，而是且战且退，企图通过梯次防御，为英法联军新任总司令魏刚将军实施其从法国北部和比利时南部南北夹击的反攻计划创造条件。然而，在德军的强大攻势下，魏刚的计划难以实现，比军陷入山穷水尽的困境。它们顺着德军前进的步伐一步步往后退缩。

比利时军队没有空军掩护，严重缺乏弹药和食物，而且由于国内200万人的难民流，使军事行动受到很大阻碍，军队和难民纠缠在一起，无法进行有效的调动和突击。

5月26日，比军情况已经十分危急，比利时国王利奥波德要求英军反击德军侧翼，以减轻比军的压力。而此时，英国远征军正准备向敦刻尔克撤退，戈特勋爵无法满足比利时的要求。在这山穷水尽的时刻，英法联军指挥魏刚将军又告诉比利时，目前无法给予比利时"新的有效援助"。

比利时人感到他们已被其盟友完全抛弃了。

当大臣们来劝说利奥波德国王"一旦军队被迫停止战斗时随政府一起流亡国外"，国王执拗地拒绝了。他希望他的盟友认识到，他将被迫投降以防止比利时全面崩溃。

当比军给魏刚将军发的最后一封电报"我们的防线像一条被拉断的弓弦，正在溃散"没有收到回音时，利奥波德国王就开始着手打听投降的条件了。

希特勒对比利时人投降条件的回答是："要求无条件投降。"

5月27日的比利时，四周的天地是黑暗的，再也看不到任何可以扭转局面的希望。利奥波德国王再没有什么迟疑，他决定向德军投降。次日凌晨，利奥波德国王不听内阁大臣的劝告，命令比军放下武器，向德军无条件投降。

比利时人的投降对盟军来说犹如晴天霹雳。盟军北线出现了一个从伊普雷到大海之间的宽32公里的通行无阻的大缺口，通过这个缺口，德国人的坦克疯狂地朝海边扑来。

比利时人的失败其实是其多年来奉行中立政策的结果。而对于法兰西战役来说，虽然比利时不是决定性战场，但是由于它牵制了盟军主力，使德军在中线作战中能顺利侵入法国本土，所以它对整个战役的结局其实是起着很关键性的作用。

比利时的投降，使英法联军陷入更为困难的境地。

第5章

CHAPTER FIVE

硝烟外的故事

"张伯伦滚蛋"的吼声响彻英伦三岛……丘吉尔说："我能奉献给你们的只有鲜血、劳苦、眼泪和汗水"……丘吉尔问："机动部队在哪里？"甘末林摇摇头："一个也没有。"……法国要求英国增派战斗机中队，英国内阁同意增派十个战斗机中队……贝当向佛朗哥说："我的祖国战败了，所以召我去缔结和约与签订停战协定。"……魏刚制定了一个与甘末林的"第十二号秘密手令"内容相同的"魏刚计划"。

☆ 丘吉尔的就职演说

慕尼黑协定之后，英国内阁中，张伯伦的绥靖政策连遭破产，灾难接踵而来。而主战的丘吉尔则犹如巨大风浪中的一支帆船，仍在奋力拼搏。

长期以来，由于张伯伦做出种种错误的判断而演成的悲剧故事，已经达到高潮了。因绥靖政策造成的恶果不胜枚举：德国破坏凡尔赛条约重整军备，扩大征兵；英国失去了空军优势，连均势也未能保住；德国以武力重占莱茵兰，基本建成齐格菲防线；德、意勾结形成了柏林－罗马轴心；德国吞并了奥地利，肢解了捷克斯洛伐克，使它获得了强大的军工生产能力；美国的干预被拒绝了；苏联表达出援救捷克的计划而无人理睬；在英国无力增强法国边境防务时，却丢掉了可以对付尚欠完备的德军部队的 35 个捷克师。

德波战争爆发后，被希特勒玩弄于股掌之上的张伯伦在下院发表了沉痛的演说，宣布英国已与德国处于战争状态。张伯伦在宣战演说中无可奈何地说："这对我们大家来说都是一个可悲的日子，而对任何人都没有比对我来说更为可悲了。我曾为之奋斗过的一切，我曾希望过的一切，在我的公务生活中我曾信奉过的一切，都毁灭了。"张伯伦在对德宣战的同时改组内阁，吸收强硬派的代表人物参加战时内阁，丘吉尔担任海军大臣并主持军事协调委员会，艾登担任殖民事务大臣。

希特勒的进攻愈演愈烈。1940 年 5 月，德军进攻西线的枪炮声，飞过波涛汹涌的英吉利海峡，震动了英国首相府官邸，把一心推行绥靖政策的张伯伦惊得目瞪口呆。

在丹麦和挪威沦陷之后，英国舆论界对张伯伦政府的无能表示了极大的愤怒，他们认为张伯伦推行的绥靖政策是英国失败的根源，表示再也不信任自己的领袖了。

英国上下一片哗然，无论是执政党，还是反对党的议员，都把矛头对向了张伯伦。一时之间，怒不可遏的英国人民群起而攻之，要张伯伦"辞职"、"滚蛋"的吼声响彻英伦三岛。

1940年5月7日，英国下议院挤满了神情非常激动而又悲痛的议员们，他们对战局问题进行了辩论。对张伯伦政府的激烈抨击不仅来自反对派，许多保守党人也对政府的庸碌无能进行了严厉的批评，要求张伯伦政府辞职。

张伯伦试图作的声明被嘲笑声不时打断了，坐在政府席后面席位上的著名保守党人利奥波德·艾默里，在响彻下院的一片欢呼声中，引用克伦威尔当年对长期议会说的话："你们在这里呆得太久了，再也干不出什么好事。我说，你们走开！让我们和你们从此一刀两断。看在上帝的份上，走吧！"

第2天，前首相乔治在下院做了最后一次决定性的干预，他在一篇不超过20分钟的演说中，对张伯伦做了决定性的评说："现在不是谁是首相的朋友的问题。当前的问题要大得多。首相曾经吁请大家作出牺牲，但要有一个条件，那就是，国家必须有强有力的领导人物，政府必须明确地表示它要达到的目标，而全国必须能够相信领导他们的人正在尽他们最大的努力。"

他以辛辣的语调嘲讽说："首相曾经吁请大家作出牺牲"，现在"首相应该以身作则，首先作出牺牲，因为在这次战争中，没有比首相牺牲自己的职位，更能对胜利作出贡献了。"总之一句话，张伯伦该下台了。

在对政府的信任投票中，张伯伦政府只得到81票。33名保守党议员投了反对票，60名保守党人弃权。张伯伦政府已经威信扫地，英国内阁不得不进行重组。

当天，张伯伦政府辞职。张伯伦只好夹着他那把曾在"慕尼黑"露过面的黑阳伞，面带惨笑灰溜溜地下台了。下午6时，主战的丘吉尔受命组织战时新的内阁。

5月13日星期一，英国下院召开特别会议。丘吉尔要求下院对新政府举行信任投票。在报告了充实各部人员的进展情况后，丘吉尔发表了著名的就职演说，他

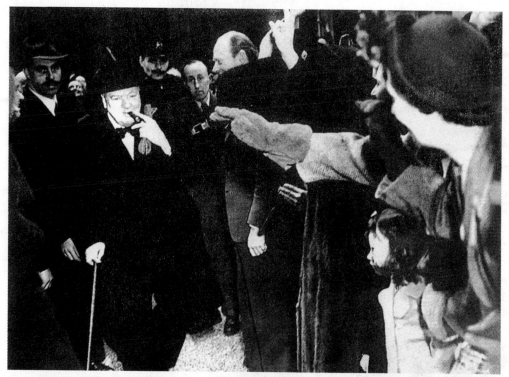

▲ 当选首相后的丘吉尔受到民众的欢迎。

说："我没有别的，我只有热血、辛劳、眼泪和汗水贡献给大家。"在英国悠久的历史中，没有一位首相能够向议会和人民提出这样一个简明而又得人心的纲领。在结束时，丘吉尔呼吁说：

你们问：我们的政策是什么？我说：我们的政策就是用上帝所能给予我们的全部能力和全部力量在海上、陆地上和空中进行战争；同一个在邪恶悲惨的人类罪恶史上，还从来没有见过的穷凶极恶的暴政进行战争。这就是我们的政策。你们问：我们的目的是什么？我可以用一个词来答复：胜利——不惜一切代价去争取胜利，无论多么恐怖也要去争取胜利；无论道路多么遥远和艰难，也要去争取胜利；因为

▲ 丘吉尔发誓：一定要尽全力保卫不列颠的安全。

没有胜利，就不能生存。大家都要认识到：没有胜利就没有大英帝国的存在，就没有大英帝国所代表的一切，就没有促使人类朝着目标前进的那种时代要求和动力。我满怀兴奋和希望，担负起我的工作。我深信，人们不会让我们的事业遭到失败。在这个时候，我觉得我有权利要求大家的支持，我说："起来，让我们把力量联合起来，共同前进。"

丘吉尔的演讲很有感染力，尤其在这特殊时刻。下院一致投票赞成他的当选。一时之间，英伦三岛人民联合起来，枪口一致对外，对抗法西斯的侵略。

在英国面临民族和国家存亡的危急关头，始终坚持反对绥靖主义、主张坚决抵抗希特勒的丘吉尔终于取代张伯伦成为英国首相，这标志着绥靖政策的彻底破产，标志着英国走上了毫不妥协的反法西斯道路。

在当选之后很长一段时间内，丘吉尔与他的人民之间的关系可以说是融洽无间的。事实上，这种水乳交融的关系从他当选起就一直维持到战争末，用丘吉尔自己的话来说，"这段时期"确实成为"他们的最美好的时刻"。

对于丘吉尔的当选，希特勒最有感受，他评论说："丘吉尔入阁，这意味着战争真正开始了。现在我们才开始同英国作战。"但是，新组建的丘吉尔内阁却并非一帆风顺，他首先面临的是张伯伦绥靖政策带来的一系列恶果。

☆ "一个也没有"

当 5 月 15 日深夜，雷诺给丘吉尔打电话，告诉他"我们被打败了"时，丘吉尔觉得，有必要到法国去一趟，当面与法国领导人谈谈。

16 日下午 3 点，丘吉尔乘英国政府的"红鹤"式客机飞往巴黎，这种客机全英国一共只有三架。英国副总参谋长迪尔将军和丘吉尔同行，另外还有丘吉尔私人参谋部的负责人伊斯梅。

"红鹤"式客机在当时是一架很好的飞机，很舒适，每小时大约飞256公里。因为丘吉尔的这架飞机是非武装的，所以需要护航，这架飞机在雨云层中穿梭了一小时多一点，就到了布尔歇机场。当丘吉尔一行一走下"红鹤"式飞机时，就看到局势要比他们所想象的坏得多。迎接他们的官员说，预料最多不过几天德军即将进入巴黎。

丘吉尔在英国驻法大使馆听取了关于局势的报告以后，就乘车去法国外交部，于5点半到达。他被领进一间精致的房间里，雷诺在那里，还有国防部长兼陆军部长达拉第和甘末林将军。大家都站着，一直没有围着桌子坐下来，每人的脸色都显得十分忧郁。在甘末林面前，在一个学生用的画架上挂着一幅地图，约有两米见方，有一条黑色墨水线标出盟军的战线。在这条线上的色当那里，有人画了一块很小但是很不祥的凸出部。

法军总司令向大家简单地说了一下事情的经过。在色当以北和色当以南，在大约80～96公里的一段战线上，德军突破了盟军的防线。迎击的法军已经被消灭或被击溃，一大批装甲车辆正以前所未闻的速度奔向亚眠和阿拉斯，目的显然是要在阿布维尔或其附近一带推进到海边，再不然就可能是指向巴黎。他说，在装甲部队后面有8个或10个全部摩托化的德国师正在挺进，分成左右两翼，进击两头被切断的法国军队。甘末林说了大约有5分钟，谁也没有插一句嘴。他说完以后，有一段时间相当长的沉默。

隔了一会，丘吉尔打破了这片沉默，他问："战略后备队在哪里？"见没人回答，这位英国首相接着又问道，这一次他改用法语说："机动部队在哪里？"甘末林将军向丘吉尔转过脸来，摇摇头，耸一下肩膀，说道：

"一个也没有。"

又是一段长时间的沉默。窗外，在外交部的花园里，几大堆的火冒起滚滚黑

▲ 法国陆军总司令甘末林授予英国将军戈特（前右一）十字荣誉勋章。

烟，隔窗可以望见年迈可敬的官员们正在用小车推着档案向火堆走去。可见，法国人已经是在准备撤出巴黎了。

现在有两个新的因素是丘吉尔从来没想到过的，其实也是英法联军首脑们难以接受的。第一，敌人的无法抵抗的装甲车辆到处袭击所有的交通线和乡村地区；第二，没有战略后备部队。"一个也没有。"丘吉尔当时就吃惊得一句话也说不出来。

这确实是甘末林的失误。一个要防守前线800公里长的阵地的司令官竟然没有给自己准备大批的机动力量。谁也不敢担保能确有把握地守住这样辽阔的战线，可是，当敌人用强大的兵力发动进攻并且突破了战线时，司令官应该有许多个预备师，在敌人第一次猛攻的威力用尽后，能够冲上前去，进行猛烈的反击，这或许是战争的常识。作为英法联军的总司令，甘末林将军却忽视了如此重要的一点。

法国有马奇诺防线，它是做什么用的？它本来是可以在一长段国境线上使军队

▲ 在德军的第二波进攻下，法军的坦克几乎全部被摧毁。

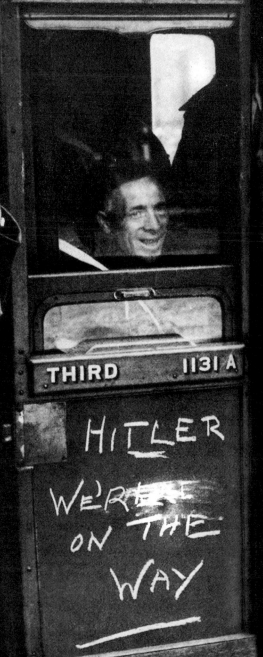

THIRD · 1131 A

HITLER WE'RE ON THE WAY

▲ 英国支援法国的英国远征军士兵登车前轻松演奏。

得到节约使用的,它不仅可以提供许多局部反攻的出击口,还可以使大批的部队留作后备力量。这本来是法国人建造马奇诺防线的初衷。可是现在没有后备部队,马奇诺防线一处被突破,没有军队支援,全线即将崩溃。丘吉尔认为,这是他一生中最使他吃惊的事情之一,他回到窗前,望着那燃烧的火堆升起的股股青烟,在那里,老先生们还在继续推着小车,使劲地把车上的文件投进火里。

那一天,人们三五成群地围着主要人物谈了相当长的时间,当然没有解决什么实际问题。关于这次谈话,雷诺总理曾发表一份详细的记录。他在记录里说,北方各集团军不应撤退,相反,应当反攻。不过,应该承认,这并不是经过深思熟虑的军事主张。在那时的形势下,尽快地向南撤退是不可避免的。所有人不久就都看出这一点了,因为德军确是势不可挡。

不久,甘末林将军又发言了,他在谈论是否现在应该集结兵力向突破口或"凸出部"的侧翼展开反攻。有八九个师正在从战线比较平静的地区——马奇诺防线撤下来,有 2 个或 3 个装甲师尚未投入战斗,还有 8 个或 9 个师正从非洲调来,两三个星期以后就可以到达作战地区,吉罗将军奉命担任缺口以北的法军的司令。今后德军若要前进就要通过两条战线之间的走廊地带,在这两条战线上法军可以按照1917 年和 1918 年的作战方式进行战斗。

丘吉尔接着问甘末林打算在什么时候和什么地方向凸出部的侧翼进攻,他的回答仍然是令人沮丧的,他说盟军"数量上占劣势,装备上占劣势,方法上占劣势",然后又耸了耸肩膀,表示已毫无希望。

丘吉尔没有争论。相对于法军而言,英军的贡献很微小——开战 8 个月了,才派出 10 个师,而且参加战斗的连一个现代化的坦克师也没有,英国人似乎无话可说。

甘末林将军的意见主旨,就是强调法国的空军处于劣势,迫切要求增派更多的英国皇家空军中队,轰炸机和战斗机都要,但首先是要战斗机。在甘末林将军提出请求的过程中,他说,不但需要用战斗机来掩护法国陆军,也需要用战斗机来阻止德军的坦克。

针对这一点，丘吉尔说道："阻止坦克是炮兵的事。战斗机的任务是扫清战场的上空。"英国皇家空军战斗机队无论如何也不能离开不列颠，这是非常重要的。英国人想要继续生存，就得在岛屿上空保持一定数量的战斗机。不过，现在需要把它缩减到英国人可以承受的最低限度。

在丘吉尔动身前的那天上午，内阁授权他再调4个战斗机中队到法国。当他们回到大使馆商谈以后，丘吉尔决定要求内阁批准再增派6个中队。这就使英国国内只剩下25个战斗机中队了。英国的空军力量为援助法国尽了最大的努力。

其实，做出这一决定是令人左右为难的，英国人不愿再从他们的本土防线调飞机。丘吉尔告诉伊斯梅将军给伦敦打电话，通知英国内阁立即开会，以便讨论他从巴黎发回的一封紧急电报。电报内容如下：

> 1940年5月16日下午9时
>
> 内阁如能立即开会考虑下列事项，我将感到欣慰。局势极端严重。疯狂的德军从色当突破后，发现法军部署不当，许多是部署在北方，其他在阿尔萨斯。至少需要四天才能调集20个师来防守巴黎和进攻凸出部的两翼，目前这个凸出部宽达50公里。
>
> 三个〔德国〕装甲师连同两个或三个步兵师已经冲过缺口，另有大批部队在他们后面兼程前进。因此，有两个严重的危险。第一，英国远征军大部将得不到掩护，难以退出战斗，撤至旧防线。第二，在法军能够充分集结军队进行抵抗以前，德军的进攻将使法军的战斗力消耗殆尽。
>
> ……
>
> 我个人觉得，我们应该在明天调来他们要求的战斗机中队（即增派六个中队），并且集中法国和英国一切可以调用的空军，在以后的两天或三天中控制凸出部的上空，目的不是为了保卫那个局部地区，而是为了

▲ 英军轰炸机在法国上空飞行。

给法国陆军一个恢复士气和集结力量最后的机会。如果拒绝他们的请求从而招致他们的毁灭，这在历史上将是不好的。还有，我们无疑是能够调派强大的重轰炸机队进行夜间轰炸的。看来，目前敌人已将空军和坦克全部投入战斗中。我们不应低估他们的前进在有力的反击下，将遇到的日益增加的困难。我想，如果此间完全失败，我们依然能够把我们自己剩下来的空中打击力量转用于协助我们的英国远征军，万一他们被迫撤退的话。

……

大约在 11 点半内阁回电来说"同意"，丘吉尔立即偕伊斯梅乘车去雷诺的官邸。或许是心情不好的原因，他们发现雷诺的官邸有点儿黑沉沉的。过了一会儿，雷诺穿着睡衣从卧室里走了出来，于是，丘吉尔把这个好消息告诉他，英国愿意向法国人支援 10 个战斗机中队！

雷诺听说之后，立即派人去请达拉第，达拉第随即前来总理官邸，听取英国内阁的决定。达拉第一直一言未发，当他听了丘吉尔的述说之后，从椅子上慢慢站起来，同丘吉尔紧紧握手。可以看得出来，法国人当时是十分感激英国人的。

丘吉尔大约在清晨 2 点钟回到了大使馆，他觉得战争或许能有转机，那个夜晚他睡得很好，尽管零星空袭的炮声不时使他辗转翻身。第二天一早，他又乘着他的"红鹤"式飞机回国，刚组建的一个新政府，丘吉尔得首先要抓紧遴选新政府第二级人员的工作。

也就在这时候，有趣的是，希特勒也经历着盟军所经历的不安。他或者根本没想到法军是如此的不堪一击，他总觉得，法军是在诱敌深入。虽然德军前线指挥官有信心稳操胜券，希特勒却对法军装甲师的部署大吃一惊，尽管法军的进攻协调不佳，收获甚微，但希特勒觉得这一切在向自己暗示或许这只是盟军大反击的第一阶段。

希特勒一贯喜欢大赌一把，相对而言，德国陆军统帅部的将领们却十分保守。但是，5月16日至17日，这一切颠倒了，德国陆军统帅部总参谋长哈尔德将军作出了正确的判断，他认为盟军的力量不足以朝色当发动反击，他们只能眼睁睁地看着德国装甲师长驱直入。但希特勒的态度这次软了下来，他命令装甲师停下来等待步兵到来后再进攻。

法军在步步退缩，总司令甘末林将军记起了1914年9月第一次世界大战在马恩河会战前夕法军接到的命令。当时甘末林还是总参谋部的一个年轻军官，现在轮到甘末林对自己的士兵说这些当年曾导致"马恩河奇迹"的慷慨激昂的话语了："祖国在危难中！不能前进的军队，宁可战死在坚守的疆场上，也不放弃托付他们保卫的每一寸法国土地。同祖国的一切历史性时刻一样，我们此时的口号是：不胜利，毋宁死。我们必胜。"

但是很显然，甘末林的这个口号并没有收到什么效果，他是在和1914年毫无共同之处的形势下发出这一命令的。1940年的夏天，法军士兵已经没有什么士气了，他们除了不停后退，已是毫无作为了。而他们的总司令甘末林也立刻要交出兵权、黯然下台了。

☆ 缔造"魏刚防线"

德军的疯狂进攻使法国上层集团惊惶失措，法国总理雷诺于5月18日进行了政府改组。早在两天前，他就把法国驻西班牙大使、已经83岁的贝当元帅召回了巴黎，贝当被任命为法兰西共和国的副总理，同时，雷诺把达拉第调去主管外交，而由他自己接任国防兼陆军部长。但法军的高级将领已没有信心来扭转被动局势了。

▲ 法国妇孺正向安全地带转移。

在法军节节败退的时候，法国统治集团内部充满了求和的气氛。雷诺在广播中乐观地宣布："贝当元帅将同我一起战斗，直到取得胜利。"但是，年迈的贝当元帅现在想的却不是胜利，实际上，他在很长一段时间里好像已经完全没有余力来思考问题了。随着年事渐高，他越来越陶醉于他的光荣历史，陶醉于一战时期他在凡尔登的经历，他认为自己可以成为一个战败民族的保护人。

雷诺请他入阁，是因为人们认为他代表了1918年胜利的法兰西，还因为他在1917年使抗命不从的法国军队恢复了元气。他受到任命时，还在西班牙大使任上。佛朗哥将军劝他不要接受任命，理由是：贝当没有必要把自己的名字和一场应由别人负责的失败联系在一起。"这我知道，将军，"贝当元帅回答说，"但是，我的祖国在向我召唤，我责无旁贷。也许，这将是我最后一次为国效劳了。"他向佛朗哥说："我的祖国战败了，所以召我去缔结和约与签订停战协定。"贝当已经完全做好失败的准备了。

19日晚7时，雷诺又任命刚从近东回来的魏刚接替甘末林将军。魏刚这个名字在整个法国再次激起了希望的浪花。在第一次世界大战时，魏刚是法国福煦元帅的得力助手，1920年8月在华沙战役中，他巧妙地拦阻布尔什维克侵入波兰——这是当时对欧洲具有决定意义的一件大事。他曾以自己的天才挽救了华沙，73岁的魏刚办事雷厉风行，精力非常充沛。现在看起来，他似乎把法国的命运置于自己强有力的掌握之下。

但是，这一任免并没有给军队带来什么好处。魏刚的前任甘末林是个穿军装的哲学家，他热衷于纯理论的分析，然而对运筹帷幄既无天赋又无兴趣。

另一方面，法军新任总司令魏刚或许在军事上还可以，但是他的政治观点极右，决定了他不适合当岌岌可危的法军总司令。他的内心认为打赢这场战争不仅不可能，也许还是不可取的。人们普遍认为，如果法国在失败之际爆发一场革命，他定会去打革命者，而不会去打入侵者。而且，他还是个强硬的反英派。人们还有另外一个疑虑，他怎么可以当总司令，因为他从未独当一面指挥部队打过仗，他其实

▲ 1940年5月19号，甘末林上将（右二）的职务由魏刚上将接替。

▲ 英国远征军的炮兵部队根本无法阻挡住德军坦克的进攻。

▲ 走马上任的老迈的魏刚将军。

只当了一辈子的参谋，尽管参谋当得很出色，而现在，作为法国军人中保守派和失败主义代表的他，当上了法军总司令。

魏刚甚至认为，英法继续抵抗是徒劳的，他十分悲观，"不出三个星期，英国就会像一只小鸡一样，给拧断脖子。"怀着这样的消极判断，他走上了战场，掌起了三军兵权。

5月20日，甘末林向魏刚移交了指挥权。在此前一天，即19日早晨，他还发出了他在任的最后一道命令，即"第12号秘密手令"。该命令旨在使比利时的英法联军向南突击，穿过兵力薄弱的德军装甲部队，与南边法军会师。与此同时，在索姆地区新建的部队向北推进，协助北线的联军向南突围；如果可能的话，就切断德军向英吉利海峡方向急驰的装甲纵队。

甘末林将军这道用铅笔草拟的命令，完全忽视了德军坦克总队的速度。应该来说，它还是比较正确的。但是新上任的总司令魏刚对国内战局并不了解，他需要重新了解情况，作出判断，然后才能下定决心。而就在他下这一判断的几天里，法军反攻的最后一丝机会就给浪费了。

5月20日中午，德军第1装甲师占领索姆河下游的亚眠。晚上，第2装甲师前出至索姆河口的阿布维尔。古德里安装甲军和莱茵哈特装甲军的先头部队推进速度很快，与后面德军装甲部队的距离差不多有160公里。而且，德军的步兵也没有及时跟上来，德军装甲部队的侧后方完全暴露出来，形势非常有利于英法联军实施南北夹击。

然而，魏刚此刻不在他的指挥所里。20日晨，魏刚接任甘末林的职务后，即做出安排，要在21日去视察北方各集团军，当他得悉通往北方的道路已被德军切断后，他决定乘飞机前往。途中，他的飞机遭到攻击，被迫在加莱降落。当晚，他才在前线第一次看到法国陆军参谋长杜芒克将军和东北战线总司令乔治将军，他们一起讨论挽救北线联军的措施和尔后的作战计划，制定了一个与甘末林的"第12号秘密手令"内容大致相同的"魏刚计划"。

21日晨，魏刚乘飞机去比利时，由于中途逗留和安全方面的考虑，直到下午3时才到达伊普尔开会，他在这里会见了比利时国王利奥波德和比约特将军。戈特勋爵没有接到开会时间和地点的通知，因而未能出席，也没有其他英国军官到会。比利时国王把这次会议说成是"4个小时杂乱无章地谈一阵"。

会上讨论了三国军队的协作问题、"魏刚计划"的执行问题、以及万一这个计划失败后，英、法军队撤退到利斯河和比军撤退到伊塞河的问题。魏刚决定乘德军西进的装甲纵队翼侧暴露之际，以己之长，击敌之短，北线联军向南实施突围，以便同索姆河一带的法军汇合。

当天，魏刚乘车回到加莱，乘潜水艇到迪埃普，转回巴黎。比约特驱车回去应付危急的局面，不到一小时，他就因撞车事故而殒命，因此，一切又被搁置起来了。

5月22日，英法盟军首脑在万森召开盟国最高会议。在那里，丘吉尔见到除了甘末林之外的许多熟人正在忧郁地踱来踱去，丘吉尔的副官说："还是原先那班旧人。"只是站在地图前拿着指挥鞭侃侃而谈的人物换了一个而已。

魏刚向大家讲述他的作战计划。他认为，北方各集团军的后方应交给比利时军掩护，由比军掩护他们向东，如果必要的话，掩护他们向北进攻。同时，一个拥有自阿尔萨斯、马奇诺防线、非洲和其他各个地区调来的18到20个师组成的新的法国集团军，在弗雷尔将军统率下，将沿索姆河建立一道战线。他们的左翼要通过亚眠向前推进到阿拉斯，这样，尽他们的最大的努力，同北方各集团军会师，必须使敌人的装甲部队经常受到压力。

魏刚说："不允许德国的装甲师保持主动权。"他要求英国空军给予广泛支援，这对取得胜利至关重要，并建议至少暂时停止对汉堡和鲁尔州的空袭，因为这对战争进程毫无影响。

丘吉尔原则上同意魏刚的意见，他强调说："通过阿拉斯，重新取得北方各集团军同南方各集团军之间的联系是非常重要的。"但是在派飞机去作战这一点上，他提请法方注意，配置在英国机场的英军歼击机在作战地区上空的时间不能超过20

▲ 法国战场上，一名德军士兵用战地电话与上级联络。

分钟。他拒绝了用英国皇家歼击机部队支援法国的建议。

　　魏刚的新计划同撤销了的甘末林将军的"第12号秘密手令"并无根本区别。北方各集团军采取攻势向南进军，如果可能的话，他们将和弗雷尔将军指挥的新成立的法国集团军群向北的推进相呼应，就能够粉碎德国装甲部队的进攻。只是等到这个命令重新下达，盟军前后已经浪费了3天的时间。统帅决定的一再延迟，使得英法联军坐失良机，陷入重围，蒙受巨大损失。

　　在统一作战方面，盟军的指挥棒几乎完全失灵了。英国远征军总司令戈特勋爵，甚至曾一连4天没有接到任何命令。

　　由于最高统帅部迟迟没有下达任何作战命令，战事的演变已经使敌人取得了支配权。17日，戈特已经开始指挥军队转到卢约尔古－阿尔勒防线，驻防阿拉斯，并不断加强其南部侧翼的兵力。法国第7集团军，除在伐耳赫伦岛战役遭受重创的第16军以外，已经全部向南转移，与法军第1集团军会合，他们曾横断德军的后路，

▲ 德军的装甲部队占领了法国城市加莱。

但并没有发生严重的骚乱。20 日，戈特通知法军，建议在 5 月 21 日用 2 个师和 1 个装甲旅从阿拉斯向南进攻，对其两侧实施反冲击。当时，比约特也同意从法国第 1 集团军抽调两个师配合英军行动。

但是，实际上英国人直到 21 日中午，才用 1 个步兵团 2 个坦克营在阿拉斯以南实施反冲击。初始，反冲击进展顺利，一度使德军第 4 集团军陷入十分困难的境地。不过，到了傍晚由于德军集中使用了大量俯冲轰炸机和歼击机并把高射炮用来消灭地面目标，终于消除了险情。而法国人本应和英国人同时采取行动的，但由于法国的两个师来不及占领出发阵地，而未能行动。第 2 天，英国人在阿拉斯地域费了九牛二虎之力才守住了自己的阵地，而法国人却一直没有转入进攻。

在协同作战方面，比利时的军队显得更为执拗，比军不愿按"魏刚计划"的要求从埃斯科特撤到伊塞河，以保护联军向南反击。利奥波德国王担心，英军向南反击后会丢下比军。所以他只准备将比军撤至利斯河支流，而不再向伊塞河撤退。这样，就在英比军接合部留出一段空间，那里无人设防，而德军正好可以从这里浩浩荡荡地冲了过去，北线英法联军的处境岌岌可危。

英军方面，戈特不但对战争进程越来越焦虑，而且对法国和比利时的同事也越来越不信任了。他认为，"既然他的右翼已被敌人包围，左翼又受到威胁，惟一合理的决定应是朝着海岸撤退。"英军每天所需的2,000吨弹药及补给品全得经加莱和敦刻尔克等港口运来，但这些港口正在严重地遭受敌人空袭，面临着被全面包围的危险。在这种形势下，戈特决定于22日晚把英国远征军撤出阿拉斯地区。

23日，英军撤退到他们在冬季沿法比边境构筑的防线上。而在12天以前，他们曾那么斗志旺盛地从这道防线冲向前去。这一天，英国远征军只发了一半的口粮。从许多方面得到的有关法国无能的印象，促使丘吉尔向雷诺提出抗议。

但法军现在已没有足够的力量单独发起反击了。由于比军缺乏配合和英军没有信心，加之法军行动迟缓，"魏刚计划"尚未开始认真执行，就已经化成泡影了。

盟军败势已成，只有一味地防守了。5月25日，魏刚将军在军事委员会会议上阐述了一个防御计划，即沿索姆河、安纳河修筑防御工事，以防德军南下，从而保护法国首都巴黎和中部地区。

根据这个方案，他调集了2个法国集团军群共49个师的兵力，在从英吉利海峡到马奇诺防线北端的400公里的正面布防。第3集团军群（含2个英国师）担负海岸至纳沙泰尔的防御，第4集团军群防守纳沙泰尔至马奇诺防线一段。这道横亘法国北部的防线由魏刚提出并主持构筑，所以被称为"魏刚防线"。"魏刚防线"构筑仓促，很不牢固。

5月23日上午至24日，古德里安的装甲部队先后占领了布洛涅和加莱。24日下午，古德里安的第19装甲军已到达格拉夫林，离敦刻尔克还有16公里了，而在其右翼的莱因哈特的第41装甲军，也已到达艾尔－圣奥梅尔－格拉夫林运河一线。两支装甲劲旅只需再努把力，就可直取敦刻尔克，而后继的几十个步兵师也正源源不断地跟进。古德里安等人踌躇满志，决心率领他们的装甲部队再打一个围歼战，将英法军队的数十万人马彻底消灭在滨海地区。

历史又一次很快证明了，一味防守注定了只能是失败。

第6章

CHAPTER SIX

魂系敦刻尔克

由于德军行进速度飞快，盟军的一些后退部队有时会糊里糊涂地加入德国人的行列，但很快也成了俘虏……"德军装甲部队撤至阿尔贝特运河以远的地方待命"，这个命令是由多个因素造成的……英国陆军部通知戈特：今后的任务是"尽可能撤出最大数目的军队"……小型船只的集结……大海里不时掀起数米高的巨浪，将码头边上的人流无情卷入海中。施瓦茨兴奋得狂叫起来："太棒了，棒极了！"……英法联军喊出"挽臂同行"的口号……"这是战争史上一次英勇而成功的撤退。"

☆ "停止前进"命令

可怕的德国坦克军,突破了色当防线后就很少或者根本没有遇到任何抵抗。德军的坦克在田野的开阔地里驰骋纵横、自由来往。在机械化运输的协助和补给下,每天推进的速度达到了30~40公里。沿途经过几十个城市和几百个村庄,如入无人之境。

德军军官们从坦克打开的炮塔伸出头来张望,得意洋洋地向沿途的居民挥手示意。成群结队的法国战俘跟在他们旁边走着,失魂落魄的样子,有许多人还带着枪,这些武器不时被德国人收起来,放在坦克的履带下面被压毁。

由于德军行进速度飞快,盟军的一些后退部队有时会糊里糊涂地加入德国人的行列,但很快也成了俘虏。

德军装甲车辆和机械化部队不断通过这些公路前进,到5月20日这一天,德国装甲部队的先头部队已抵达了海滨。20日下午,古德里安的装甲兵部队已全部赶至英吉利海峡的阿布维尔,顺利完成战前所接受的战略任务。德军装甲兵部队的神速推进,得益于古德里安倡行的以装甲兵部队单独深入为战略渗透的理论。古德里安不仅打乱了法军指挥的时刻表,同时也打乱了德军进攻的时刻表。

前线一旦被突破,法国陆军似乎就像一只戳破的气球那样全部瘫痪了。

到了5月20日,德国装甲部队的主攻方向已令人惊骇地清楚无疑了:他们果真是在调头转向西北方的大海。当他们穿过大火熊熊的阿布维尔向前疾驰时,北部军队——包括英国远征军——的交通线无可挽回地被切断了。情况每时每刻都在急剧变化,盟军所有的撤退路线都被难民堵塞了。

而当古德里安的装甲兵部队于5月20日,全部抵达法国阿布维尔附近的大西

▲ 古德里安装甲部队的官兵在战斗间隙休息。

▲ 一队德军出发前正列队接受进攻命令。

▲ 德国坦克部队在法国境内行驶。

洋海岸时，希特勒根本就没有料到德军的攻势是如此迅捷而顺利。直到一天以后，希特勒才理清思绪，命令古德里安所部继续向北推进，占领英吉利海峡诸港口。

5月21日，一路畅通的德军坦克部队在阿拉斯附近受到了小小挫折，这也将神经一贯紧张的纳粹元首惊出一身冷汗。

这天，克卢格将军的第4集团军快速向前进攻。当天下午，其下辖的第16军团集群已抵达阿拉斯以南地区，此时阿拉斯被法军和英军坚守着。第16军必须或者向西北面的波尼斯进攻，或者向北面的贝顿进攻。为此，必须夺取斯卡佩河的一些渡口，而进一步向北进攻则是第4集团军其他部队的任务。

此时的盟军也预先为进行反击作了准备。

其实盟军根本不清楚德军在阿拉斯南边的兵力情况。德军包括隆美尔的第7装甲师和武装党卫军的"骷髅"机械化师，并有第5装甲师掩护，英军进攻时，隆美尔正带领其部队在阿拉斯侧翼展开行动。英军组织兵力速度缓慢，直到21日下午坦克才上路，该行军包括两队———队坦克营，一队步兵营，它们以法军第3机械化师作右翼，沿东南方向朝阿拉斯驶来，几乎与此同时他们遭遇了隆美尔的第7装甲师。

右方的英国军队突然袭击德军，隆隆前进而又强大的英军坦克一到，德军的许多党卫军部队仓皇逃窜。英军进攻时，隆美尔和其参谋正在部队中间前进，他以平稳的声音下命令，将一切可以作战的武器都派上了用场，其中包括88毫米的高射炮。

这种高射炮火少量配置在火炮阵地，高射炮平射，对准了"隆隆"逼近的英军坦克，随着一声怒吼，奇迹出现了！竟一举摧毁了英国人的一辆坦克，德军士兵禁不住欢呼起来。

在左翼，英军部队进展则大一些，英军攻占了数个村庄并越过了德军阵地。其一先头部队甚至抵达了科赫河上的万古赫——此次进攻的最终目标，但由于缺乏后援以及德国空军的干预，英军被迫撤退。

此次战争，英军前进了16公里，摧毁了大量德军坦克、枪支和运输车辆，活捉了400多名俘虏。但是像前几次与盟军装甲部队交战时一样，德军88毫米的反坦克炮极其有效地打退了英军坦克，事实上，它们是装甲师中惟一能够穿透英军"马克"Ⅱ型坦克外面装甲的大炮。这次战斗，使88毫米高射炮在以后被称为"坦克杀手"而出名，并且被专门用来对付装甲军。

这天战斗结束时，英军只剩26辆"马克"Ⅰ型和两辆"马克"Ⅱ型还能用，英军的进攻结束了。

但是，德军的行动从此之后也趋于谨慎。伦德施泰特承认战役中只有此次进攻真正给他造成忧虑，陆军司令部的注意力从让古德里安冲击英吉利海峡转移到阿拉斯一带的防守上，这当然就给了盟军宝贵的时间，最终使盟军能够选择在敦刻尔克撤退。

希特勒对阿拉斯出现的情况有些担心，5月22日，他派副官施蒙特上校打电话给A集团军群，询问作战的发展情况。A集团军群的作战参谋说：尽管5月21日实施突袭的敌军曾在一两处地方击退了第7装甲师，但总的形势现在已经恢复。

英军进攻阿拉斯的重要性并不在于其实际行动——因为用数字术语来说这只是一次突袭——而在于它对德军心理上产生的作用。这可以从隆美尔的电报中看出来："15点30分至19点数百辆坦克及其掩护的步兵进行了一场非常激烈的战斗。"实际上，隆美尔把数量不多的英军估计为5个师。

希特勒对局势更为担忧，他把凯特尔派往阿拉斯重新部署军队。凯特尔在与A集团军群参谋长的讨论中，重申了元首的要求，尽快由步兵师代替在索姆河上的机械化师，克莱斯特集团军的装甲师应解除掩护翼侧和在亚眠和阿布维尔之间进行防御作战的任务，应被派往前方。

在希特勒看来，只有机械化部队才能以必要的速度作为先头部队迅速向北进攻。为此，这些部队一定要解除掩护后方翼侧的任务，他们的任务应是增援和接替前方装甲部队。为使这种调解成为可能，各步兵师要以强行军向西运动。元首的这些指示和A集团军群的将领们的看法不谋而合，相应的命令随即下达。

▲ 1940年5月，德军隆美尔的部队用88毫米高炮平射英国坦克。

德军由第5和第7坦克师为先导，率领两个步兵师向阿拉斯的两侧进攻，此时只有一小股英国警卫部队仍然坚守着这座城镇，并击退了德军第11摩托化旅从三面向它发起的数次进攻。

英军驻扎在阿拉斯周围的特种部队处于被包围的危险之中，5月22日傍晚时分，被迫撤退到运河一线以北和东北方向。到现在，阿拉斯两侧都被德军装甲部队包抄，已不能再作为向南发动进攻的起点了。

晚上10点，英军指挥官通知总司令部说，除非他的军队在夜间撤出阿拉斯，否则便无法撤退了。随后英军的撤出使它北翼的法国第1军团处于一个行动更受限制的突出部，战略回旋的余地更小了。

德军进攻的北翼，B集团军群虽然遇到英军顽强的抵抗，但也成功地在大约6公里的正面上渡过了斯凯尔特河。

德军的作战行动尽量缩小了对盟军的包围圈,同时保持了德军在索姆河各渡口的畅通。希特勒觉得消灭盟军的最后时刻来到了,为指导他的部队,元首又签署了第13号指令,明确下一步及灭亡整个法国的目标。

一接到指令,古德里安便立即决定:第10坦克师向敦刻尔克前进;第1坦克师向加莱前进;第2坦克师向布洛涅前进。古德里安深知,他所在的A集团军群构成的从色当到法国西海岸的进攻线,已经切断了法军从北部南逃的退路。而北面博克的B集团军群已攻占了荷兰及比利时东部,70万余英法联军主力的左翼实际上已处在德军的深远包围之中。眼下对方得以逃脱的惟一希望就在包括敦刻尔克在内的法国北部的几个海港了。因此,他一定要迅速占领这几个海港,以彻底切断对方的海上退路。

德军第1装甲师奉命向东开进,到5月23日晚,该师先锋部队已抵达格拉夫林南面的阿河,在那里遭遇法军的坚决抵抗而停步。当古德里安准备第2天进攻时,德军一些高级指挥官又产生了新的疑虑。伦德施泰特对在"装甲通道"南面的法军感到不安,而且他还没从阿拉斯之战的惊恐中缓过来。23日晚,他命令克莱斯特停止行军,并重新部署装甲部队,准备击退法军可能从南面发起的进攻。

5月23日上午至24日,古德里安的装甲部队先后占领了布洛涅和加莱。24日下午,古德里安的第19装甲军已到达格拉夫林,离敦刻尔克还有16公里了,而在其右翼的莱因哈特的第41装甲军,也已到达艾尔－圣奥梅尔－格拉夫林运河一线。两支装甲劲旅只须再加把劲,就可直取敦刻尔克,而后继的几十个步兵师也正源源不断地跟进。古德里安等人踌躇满志,决心率领他们的装甲部队再打一个围歼战,将英法军队的数十万人马彻底消灭在滨海地区。

5月26日,古德里安曾向他的部队发表了一个文告:"我曾经要求你们48个钟点不睡觉,你们却一连17天都没有好好的睡过。我强迫你们冒险前进,两翼后方都是充满了威胁,你们却从不畏惧迟疑。"他的说法也许能够解释德军的速度为什么那么快。

到现在,德国人完全打破了盟军从陆上突围的希望,他们惟一的出路,只有通过现在仍在盟军手里的敦刻尔克,动用海军力量,由敦刻尔克从海上撤退。

德国装甲部队已经可以遥望到敦刻尔克了,并且在格拉夫林和圣奥梅尔之间摆好阵势,德军士兵士气高涨,准备对它的敌人来一次更沉重的打击。只要元首一声令下,千军万马便会扑向海边那个港口。

在这一关键的时刻,德国的元首又发挥了重要的作用,他在此时下了一个奇怪的命令,使得战局在当时产生了微妙的变化,并且影响深远。

5月20日晚上,当布劳希奇给希特勒打电话,告诉他坦克部队已抵达阿布维尔——由此直通英吉利海峡沿岸时,希特勒喜出望外,对德军和它的指挥官们大加赞扬。他讲话时非常激动,凯特尔记录了他的话,但是记录遗失了。据约德尔说,他讲到了现在要和法国签订的和约——他要求归还近400年来从德国人民手中抢走的全部领土和财产,他要为1918年强加于德国的耻辱条款而报复法国,就在当年签订条约的地方——贡比涅森林,举行第一次和谈。至于英国:"只要把殖民地归还我们,英国就会马上得到和平。"

有一些事件导致了德军装甲部队停止前进,发生的先后次序是以5月21日短暂的局部危机为开端,当时英国和法国的坦克出其不意地向在阿拉斯的德国第4军团的内翼发起了进攻。希特勒和伦德施泰特都认为,这证明作为A集团军先锋的装甲部队前进得太快,没有建立起有效的侧翼防卫。他们认为阿拉斯的进攻表明了英法还有能力采取行动。

于是,伦德施泰特命令第4军团和克莱斯特的装甲集团军在英吉利海峡的港口停止前进,直到阿拉斯危机消除。布劳希奇和哈尔德为伦德施泰特对A集团军的指挥谨小慎微而遗憾——从西南方的英吉利海峡港口开向西北,又没有向希特勒报告,就命令把第4集团军的指挥权转移给博克将军的B集团军,该集团军正从东方向港口进击。博克将指挥最后的包围行动。

第2天,5月24日上午,希特勒和约德尔、施蒙特走访伦德施泰特的司令部

▲ 古德里安将军（右）和德军陆军总司令布劳希奇将军在一起。

时，听到从当日 20 时起，第 4 集团军连同所有机动部队都将由 B 集团军群指挥而大吃一惊。因为不论是元首本人还是德军最高统帅部都不知道陆军总司令部下达的这个命令。希特勒认为这个命令不论是军事上还是心理上都是可笑的，同时他又怒不可遏——他怨恨布劳希奇和参谋总部这样随意改变指挥权却不上报最高元首。

作为最高统帅，希特勒对陆军总司令的新命令简直不能容忍，他怀疑他们这样做，是不是别有用心，他们的忠诚更加让他怀疑。他断然废除了他们的命令：第 4 军团不能交给博克指挥——它将暂时原地不动。希特勒宣称，作战部把作用极为重要的坦克调到沼泽地的佛兰德低地是战术上的蛮干。

伦德施泰特在 24 日向希特勒提出的建议更进一层，他的装甲部队应原地不动，控制敦刻尔克西部的沿着运河线的高脊地带，并给被博克的 B 集团军赶到西部的敌军以适当的迎击，这将使坦克得到宝贵的喘息时间，至于英军逃往英格兰的可能性，没有得到讨论。

此时，有两种幻象死死缠住了希特勒：要么是他的珍贵的坦克正在佛兰德沼泽地里艰难地挣扎，他、凯特尔和约德尔在第一次世界大战中都见过这种景象；要么就是他的坦克在敦刻尔克大街上毫无意义地被打成碎片，就像 8 个月前在华沙郊区一样。

无论如何，希特勒毫不犹豫地凭借他的权力使伦德施泰特作出停止坦克前进的决定。戈林曾吹嘘，单靠他的空军就能歼灭被围之敌，这话确实给了希特勒一定影响，使他又坚定了信心。无疑，戈林确给希特勒打电话说过这样的话，后来，希特勒曾告诉他的陆军副官，戈林可能完成这个任务，他甚至还把空军和陆军将领忠诚性的可靠程度作了比较。

5 月 24 日 12 点 30 分，元首大本营用电话向集团军和陆军指挥官们下达"停止前进"的命令，这道命令是在伦德施泰特和戈林的怂恿之下，不顾布劳希奇和哈尔德的激烈反对，由纳粹元首坚持发出的：

装甲师团停止在距敦刻尔克中等射程的距离。只准许进行侦察和防卫性的行动。

随后又发来命令：

德军装甲部撤至阿尔贝特运河以远的地方待命。

英法盟军得到了一个意外的喘息机会！

这一天，希特勒为侵英战役的方针下达了指令，在这个指令中他附带地指示，空军目前在北方的任务是粉碎"被困之敌"的一切抵抗并阻止英军逃过英吉利海峡。约德尔平静地对一位提出强烈反对意见的参谋说："战争胜利了，战争必将结束。如果我们能用空军更为廉价地结束它，那么就连一辆坦克也用不着损失了。"

陆军总司令部对希特勒的命令大吃一惊，不得不做出新的部署，元首还特意提醒陆军总司令部注意他的命令。陆军总司令部对这种直接干涉作战实施的行为极为愤慨，元首的这个命令对他们来说是个沉重的打击。

希特勒下令其装甲部队停止向敦刻尔克开进，这道命令使人难以解释，究其原因众说纷纭：

第一个因素，常常被以往的历史著作所忽视，即也许直到5月26日那天，德国最高统帅部才开始意识到英国在撤离整个战场，这已在伦敦采取这一决定的整整一星期之后。陆军总司令部小心翼翼地维护自己的业务权限，想不受最高统帅部的干预，是导致这种结果的重要因素。希特勒确信，英国在法国将战斗到最后一个人，因而他必须相应地部署兵力。直到5月26日才意识到这个根本错误，也只是到了这个时候，希特勒才允许装甲部队重新开始向敦刻尔克挺进。

另外一个很重要的因素是军事原因。伦德施泰特对希特勒抱怨说，他的装甲部队已经前进了那么远，速度那么快，力量已经大大减弱了，需要停下来整顿，重新部署，以便对敌人进行最后的打击。而且，他还预见，他的分散的兵力有可能遭到南北两方的夹击，希特勒"完全同意"他的意见。希特勒在上次大战中熟悉这一块的地形，此处泥沼遍地、沟渠纵横，不利于坦克部队作战。而且，德军坦克长途奔

▲ 希特勒巡视被攻克的法军防线。

袭，磨损厉害，大部分坦克需要修理，冒险前进可能会遭到额外的损失，同时将会削弱对法国其他地区的进攻。

还有人认为这道命令是希特勒受了德国空军元帅戈林的鼓动而发出的。面对着英法主力就要被歼，戈林坐不住了，他有自己的一番打算，他急欲从陆军手中抢夺这个头功，扩大自己的权势。敦刻尔克的盟军显然已成了瓮中之鳖，他不能容忍强大的帝国空军在这种时候无所作为，而把功劳全部记在装甲部队头上。德国空军曾同英、法空军进行过多次交锋，给原本就不太强大的法军以重创，也给英国远征军造成了不小的损失。因此，德国空军常常以"世界最强大的空军"自居。

"出击，出击，坚决要出击"的欲火促使戈林迫不及待地拨通了元首的电话，他焦急地请求道："元首，就让帝国的空军去结束这场战斗吧！光荣的地面装甲部队应在休整后投入到更需要的地方去。"

希特勒与约德尔少将商议了戈林的方案,约德尔十分赞同戈林的建议,他认为将装甲部队用于敦刻尔克周围的沼泽地带是不明智的,而应将这股铁流融入对巴黎的进攻。但是这一建议却遭到了古德里安等前方装甲部队指挥官的激烈反对。他们认为:在对敦刻尔克已达成三面包围,但海上退路并未切断的情况下,任何给予敌人喘息机会的行为都可能导致功亏一篑。他们的意见与参谋本部取得了一致。戈林得知这一消息后怒不可遏,大骂他们根本没有把强大的帝国空军放在眼里,这是对他本人难以忍受的污辱。

终于,凭借戈林在纳粹党内不可动摇的副领袖地位,而且希特勒也想给自己的心腹一个露脸的机会,并借此机会压压陆军的气焰,防止自己的威望下降。因此,最终使得参谋本部与空军达成了"共识"。

也许还有一个政治因素。希特勒想要给比利时的佛兰德人一种比较友好的印象,使他们的财产不因"镰割"计划的最后行动遭到破坏。因为他坚信佛兰德人是真正日耳曼人的后裔,他曾经设想过建立一个新的佛兰德国家,这个新国家将会包括法国北部和低地国家。希特勒曾经答应佛兰德人的国土不致遭到战争的破坏,现在要在它的最大城市之一 ——敦刻尔克大肆屠杀,元首认为这是不仁义的。

另一种说法认为,是希特勒故意放英国人一马。这是在他视察被打得斑斑驳驳到处是被扔下的书籍、照片、破鞋、枪支、自行车以及其他物品的敦刻尔克海滩时对林格说的:"让败军回家,给老百姓看看他们挨了多重的一顿打,这历来都是不错的。"他也对鲍曼说过,他是故意饶恕英国人的。他抱怨说,"丘吉尔并不理解我的积极精神。我有意不在英国和我们之间制造一条无法修补的鸿沟。"

因为希特勒经常声称:不列颠人是仅次于日耳曼民族的优秀人种,德国无意消灭他们。他放走英国人,是想给英国人情面,为日后和谈留一条退路。希特勒没有向敦刻尔克进攻,也许在他看来,他和丘吉尔有着一个共同的思想基础,那就是反对布尔什维克主义。他放出消息,表示愿和英国诚意谈判,声称他的"目的是能和英国在一个英国认为可以接受而不损自己尊严的基础上媾和。"

但是，英国人曾经上过希特勒"声东击西"的当，慕尼黑政策给大英帝国带来灾难性的后果。丘吉尔比他的前任聪明一些，他再也不敢坐下来和希特勒大谈和平了，而是抓紧时机撤出自己的有生力量，以便以后报仇。

无论如何，希特勒的又一次突然喊停，使英法联军避免了全军覆没的惨剧。希特勒在此是犯了一个致命的错误，它影响到日后对英国的入侵，并且使英国人以后在非洲和意大利能继续对德军作战。

正如哈尔德在5月26日的日记中哀叹那样，德军坦克一直"原地不动"。希特勒也没让坦克开动起来，还有一个新的因素，25日傍晚，他向副官们说明，他特别想让狄特里希手下的党卫军精锐旅参加在敦刻尔克的这个关键行动。他的意图在于向世界表明，他拥有一支精良部队，可以与英国人这样优秀的种族决一雌雄。

于是，古德里安的第19装甲军及其右翼友军莱茵哈特的第41装甲军同时接了装甲兵团司令克莱斯特发来的命令，要他们停止前进，并称"敦刻尔克之敌将全部留给戈林元帅的空军去解决"。

这个命令对于古德里安和莱茵哈特而言，不亚于晴天霹雳。"希特勒命令左翼停在阿河"，古德里安写道："元首不允许装甲军渡过这条小溪。没有人告诉我们这么做的原因。命令很简单：敦刻尔克要留给空军来解决。我们哑口无言！"

接到命令后，他们立即向克莱斯特提出了质问和抗议，但得到的最后答复是："这是元首亲自下达的命令，必须执行。"于是，古德里安和莱因哈特只得遵命停在运河一线按兵不动，而眼睁睁地看着英法比联军从敦刻尔克上船逃走。

这一"停止前进"的命令是德军1940年在西线战役中所犯的惟一重大错误。如果德军坦克放手前进，盟军要么被困，要么被迫投降，将永远损失掉英军20万最精锐的部队，而这些部队在以后的战争中起到了非同寻常的作用，它们影响了二战的整个战局。

联军利用这一转瞬即逝的喘息机会，得以实施从海上撤退的"发电机"计划，从5月26日到6月4日，从敦刻尔克先后撤出32.4万人，其中包括法军8.5万人，

▲ 德军士兵在法国境内的火车站向法军进攻。

▲ 戈林（前右）与法国贝当元帅（前排中）在一起。

这些军队成为日后反攻欧洲大陆的主力。

古德里安在战后写道：

> 假使最高统帅部没有突然制止第19装甲军的前进，那么敦刻尔克早就已经攻克，而且胜利的成果也远非现在的可以比拟，假使当时我们能够俘虏到英国远征军的全部兵力，那么未来的战局发展恐怕也很难预言了。无论如何，像这样一个大规模的军事胜利，也可以使外交家多了一个讨价还价的机会。不幸得很，这个大好机会却给希特勒个人的神经质弄糟了并彻底失掉了。他以后所发表的理由，说因为看到佛兰德平原地区是河川纵横，所以才命令我的装甲军不要冒险前进——这实在是不成其为理由。

☆ "发电机" 计划

5月25日，英国远征军司令戈特擅自决定取消已商定的"魏刚计划"，本来他应该派部队占领一屏障要地以抵抗德军从东南的进攻。戈特这么做等于决定放弃法国北部和比利时的战役。这是个重要的决定，它将令英国的盟友自生自灭。但戈特也有自己的苦衷，作为英军统帅，他的首要任务是要保存英国远征军力量以参加以后的战斗。

当天，戈特向战时内阁发出了一封措词强硬的电报：如果不想使英国远征军全军覆没，现在惟一要做的事就是利用还在我们手中的敦刻尔克港，将远征军撤离法国。

英国陆军部同意戈特的行动，拍去电报批准他"与法军和比军协力向海岸行动"，并且紧急集中了大大小小的海军船只，随后又告诉他，今后的任务是"尽可能撤出最大数目的军队"。丘吉尔同时通知雷诺，他们要撤退英国远征军，并要求他发出相应的命令。27日下午3时，法国第1集团军司令布朗夏尔对所属各军发出一道命令："在利斯河阵地上战斗到底，决不后退。"

5月26日，伦德施泰特的参谋部改变了他们的态度，无线电监听表明，他们对敌人意图的判断错了。伦德施泰特的一位参谋将此事用电话告诉给在希特勒大本营的他的朋友施蒙特，于是希特勒在下午1点30分通知布劳希奇，坦克可以立即继续向东开。但是这个命令已经迟了3天，德军的进攻遇到了困难。此刻在克莱斯特方面，坦克手不是正在休息，就是他们的坦克在彻底检修，进攻需要在好几个小时后才能开始。

当天下午，在英国伦敦的威斯敏斯特大教堂举行了一个简短的祝愿和祈祷仪式。丘吉尔等人在此默默祈祷，愿上帝保佑即将开始的敦刻尔克大撤退顺利进行。英国人不愿意把他们内心的感情溢于言表，但是，丘吉尔后来形容到："我坐在唱诗班的座位上，能感觉到那种郁积在心的激昂情绪，感觉到群众有害怕的心情，不是怕死、怕伤或者怕物质的损失，而是怕英国被战败和最后灭亡。"

当晚6时57分，丘吉尔命令拉姆奇中将开始实施"发电机"计划，并特别说明被困于敦刻尔克的法国官兵同样应分享撤退的机会。"发电机"行动计划就是从敦刻尔克撤离英法军队的密码暗号。

但是，"发电机"计划中的3个港口只有敦刻尔克一处可以利用，况且空中掩护、地面运输等多种设施均很薄弱。因此，凭借现有的力量，在短时间内营救出30余万大军几乎如天方夜谭。

英国海军部急忙派出官兵到各大造船厂筹措船只。焦急已经使英国人顾不上保守秘密，无线电广播里大声向全国呼吁，号召所有拥有船只的人都来加入这支前所未闻的"舰队"。数以千计的业余水手和游艇主驾驶着各式各样的船只闻讯而来，它们大到数千吨位的货轮，小到仅能载数人的游艇。这支奇形怪状的"舰队"很快在英国东南部港口汇集起来。

这是一支古怪的"无敌舰队"：有颜色鲜艳的渔船，有运载乘客的旅游船，还

▲ 张伯伦下台后，丘吉尔在英国最危难的历史时刻就任首相。

▲ 满载着法军士兵的渔船正准备在英国登陆。这些船只在 9 天内频繁地往返于敦刻尔克和英国港口之间，救援了大约 338,226 名英法盟军官兵。

有维修船、小型护航船、扫雷艇、拖网渔船、驱逐舰、英国空军救援船、雷达哨船……

这支极为离奇、难以形容的船队，由各色各样的英国、法国人驾驶着。他们中有银行家、牙科医生、出租汽车司机、快艇驾驶员、码头工人、少年、工程师、渔夫和文职官员……他们中间有脸蛋娇嫩的海上童子和白发苍苍的老人。他们中很多人明显是穷人，他们没有外套，穿着破旧的毛衣和卫生衫，穿着有裂缝的胶鞋，在海水和雨水中浑身湿淋淋的，彻骨的寒风中他们饥肠辘辘……

这支船队中有政府征用的船只，但更多的是自发前去接运部队的人民。他们没有登记过，也没有接到任何命令。一位亲身投入接运部队的英国人事后回忆道：

"在黑暗中驾驶是危险的事。阴云低垂，月昏星暗，我们没带灯，也没有标志，没有办法辨别敌友。在渡海航程一半还不到时，我们开始和第一批返航的船队相遇。我们躲避着从船头经过的船队的白糊糊的前浪时，又落入前面半昏不明的船影里。黑暗中常有叫喊声，但不过是偶然的喇叭声而已。我们'边靠猜测边靠上帝'地航行着。"

通往敦刻尔克的航线总共有 3 条。航程最短的是"Z"航线，仅需两个半小时，但它位于德国大炮射程之内，不能起用；第二条是较短的"X"航线，但它几乎被英国的布雷区全部封锁，要扫清这些路障至少需一周时间；那么惟一能够选择的就只有"Y"航线了。"Y"航线由奥斯德港出发，绕过克温特的水雷浮标向西南折行，最后到达敦刻尔克港，"Y"航线全长 120 公里，全程近 6 个小时，较易航行，水雷较少，这条航线可以躲避德军大炮的射击，但暴露在德军轰炸机下的时间却无疑延长了。

当晚，第一批救援船浩浩荡荡驶向敦刻尔克港。考虑到德国空军没有把敦刻尔克当做主要攻击目标，英国空军没有为船队提供空中护航。

德军方面，5 月 25 日晚，目空一切的戈林在空军司令部召开作战会议，对敦刻尔克的空中作战做最后部署。

戈林穿着自己设计的样式奇特的军服，在圆形会议厅的中间显得格外醒目。他细细地环视了一周之后，忽然习惯性地挥起了拳头，猛烈地砸在了桌上。

"各位将军，"戈林以他特有的腔调说道，"亲爱的元首已将最后的决战交给我们完成。我们必须证明：帝国空军同地面装甲部队一样势不可挡，可以将英国佬置于死地。要让全世界都知道，德国空军是不可战胜的"。他开始嘶喊起来，尖厉的声音在大厅里回荡。

在场的人显然已经习惯了这种开场白，瞪大了眼睛，紧闭着嘴巴，倾听着戈林的训话。

戈林对计划中仅使用 5 个航空团的兵力十分不满，他要求把德国西部和驻守荷兰的第 2 航空队的兵力也全部用上，实施一场庞大的轰炸计划。

5 月 27 日清晨，夜幕还没有收起，万籁俱寂。执行第 1 波轰炸任务的两个轰炸航空团和两个歼击航空团从德国西部直飞敦刻尔克，目标是轰炸敦刻尔克港口和主要码头。途中，它们没有遇到任何英法飞机的阻拦。

当德军施瓦茨上校率领他的俯冲轰炸机团首先抵达敦刻尔克上空时,天空已经发亮,通往港口的道路上挤满了各种各样的车辆和惊慌的人群。随着施瓦茨一声令下,一架架俯冲轰炸机猛地扑向毫无防备的英法士兵。刹那间,炸弹像雨点般倾泻在挤满士兵的码头和堤道上,地面上火光冲天,血肉横飞,大海里不时掀起数米高的巨浪,将码头边上的人流无情卷入海中。施瓦茨兴奋得狂叫起来:"太棒了,棒极了!"

紧接着,像乌云一般的又一个黑压压的机群铺天盖日,蜂拥而至。它们忽而向下俯冲,进行低空轰炸;忽而投下威力巨大的高爆弹又急速爬高——这种惊险的垂直俯冲起到了咄咄逼人的恐怖效果,很多缺乏经验的英法士兵似乎感到每一次俯冲都好像是对着自己胸膛开火,以致呆呆地站在空旷的海岸上,居然忘记了卧倒躲避。

由于敦刻尔克第一次遭到这样猛烈的轰炸,地面上的人群乱成一团。英军指挥官大叫着,命令士兵跳入战壕,利用各种轻重武器对空还击。混战中,一架德机被击中,拖着浓烟栽进海里,顿时,码头上发出一片欢呼。士兵们似乎到此时才反应过来:生与死的交锋又一次摆在了眼前。

接到报告后的英国空军立即出动了两个中队的喷火式战斗机和飓风式战斗机。但当英国飞机赶到敦刻尔克上空时,德机早已消失得无影无踪。英机漫无目标地在敦刻尔克上空盘旋,企图拦截住德军的某个轰炸机群,但直到油料耗尽也未见到1架飞机的影子,只得飞回本土加油。

然而,就在英国战斗机离开敦刻尔克几分钟以后,德国进行轰炸的第2波机群出现了。它们杀气腾腾,如入无人之境,肆无忌惮地对毫无保护的英军舰船进行密集的轰炸。紧靠码头的几艘大型运输船几乎同时起火,并开始慢慢下沉,船上的士兵无望的纷纷跳入漂满死尸的水中。一些小船企图驶离岸边,但德机对它们也丝毫不放,落在船边的炸弹将一艘艘小船掀翻,撤退工作陷入了一片混乱,被迫暂时停止。为了躲避轰炸,已经开到海上的运兵船采取忽左忽右的做"之"字形航行,高速驶过弹雨如注,恶浪滔天的海面。军舰上的大炮一刻不停的开火,猛烈回击。

大约1小时以后,英军比·希金上校率领两个中队的40余架"飓风"战斗机

▲ 德军摩托化部队穿越法国境内燃烧的村庄。

▲ 英国远征军在撤往敦刻尔克途中受到当地法国民众的欢迎。

▲ 法军士兵目送英军士兵先行登船。

再次越过海岸，飞向敦刻尔克。英机刚刚到达敦刻尔克上空，便发现了远处正在逼近的德军又一波次的轰炸机群，几乎同时，担任护航的德军战斗机也发现了英国机群。顷刻之间，一场空中恶战开始了，一架架战机盘旋翻滚，追逐混战，发动机尖锐的啸叫声此伏彼起，充耳不绝。只见英军 1 架"飓风式"战斗机紧紧咬住 1 架德国轰炸机不放，突然传来"轰"的一声，仓皇逃遁的德机不幸与另一德机相撞，漫天飞舞的飞机残骸碎片落入茫茫大海之中。

英国皇家空军誓死作战，惊恐的德军轰炸机仓皇投下炸弹，掉头就逃。这次轰炸，德军没有达到预定效果，大部分炸弹丢到海里或沙滩上。但英军为此也付出了沉重的代价，11 架旋风式战斗机被击落。

德军的轰炸几乎持续了一整天，总共投下了 1.5 万枚高爆炸弹和 3 万枚燃烧弹。当夜色降临，德机的轰炸停止了的时候，敦刻尔克地面依然是火光一片、浓烟滚滚。这一天，英军只有 7,669 人被输送回国，大约有 40 余艘船只被击沉；德军损失了 23 架飞机，比 10 天以来德军损失的飞机总数还要多。

27 日深夜，德国东部和荷兰境内的各机场灯火通明，各种车辆往来穿梭，忙着为机场上的飞机进行加油挂弹和临时维修，为第 2 天的轰炸做最后的准备。

28 日凌晨，德国空军参谋长耶顺内克少将接到侦察飞机和前线地面部队的报告：敦刻尔克上空大雾弥漫，加上地面浓烟覆盖，空中看不清目标，无法继续进行空袭。耶顺内克赶紧将这一情况报告给戈林。

"不行，我要的是轰炸！轰炸！！再轰炸！！！你明白吗？绝不能让英国佬从海上跑掉，你不能以天气来掩盖你的无能。"话筒里传来戈林疯狂的吼叫，百般无奈的耶顺内克只好命令飞机照常起飞。

5 月 28 日上午，德军派出的两个轰炸机大队由于敦刻尔克上空能见度极低，只好带弹返回。

此时，盟军的撤退正在紧张地进行。他们运用了一切可以动用的船只，甚至驱逐舰也改成了运兵船。除了利用仅剩的几处码头外，海滩也被充分利用起来。他们用绳索牵着渡过海峡的小船,让等候在海滩的士兵乘小船渡到海上的大船旁边。岸上的士兵被分成50人一组,每组由1名军官和1名海员指挥。每当有救援船靠岸,他们便一组组地被带到海边,涉过没踝、没膝、齐腰、齐胸的海水,小心避开不断漂到身边的同伴的尸首,艰难地爬上小船。

等着上船的士兵富有纪律性,他们为撤离已战斗了3个星期,一直在退却,经常失去指挥,孤立无援,他们缺少睡眠,忍饥挨渴,然而他们一直保持队形,直至开到海滩,仍服从指挥。这些疲惫的士兵步履蹒跚地跨过海滩走向小船;大批的人马冒着轰炸和扫射涉入水中,前面的人水深及肩,他们的头刚好在扑向岸边的波浪之上,从岸上摆渡到大船去的小船因载人过多而歪歪扭扭地倾斜着……

一些大船不顾落潮的危险,差不多冲到了岸上。沙滩上有被炸弹击中的驱逐舰残骸,被丢弃的救护车……

这一切都辉映在红色的背景中,这是敦刻尔克在燃烧,没有水去扑火,也没人有空去救火……到处是地狱般可怕的喧闹声。炮兵不停地开炮,炮声轰轰,火光闪闪,天空中充满嘈杂声、高射炮声、机枪声……人们不可能正常说话,在敦刻尔克战斗过的人都有了一种极为嘶哑的嗓音:一种荣誉的标记——"敦刻尔克嗓子"。

下午,气象情况仍然很差。耶顺内克少将在办公室里焦急地踱步,戈林一次次地电话催促使他感到一阵阵耳鸣。他早已命令轰炸机群挂弹待发,但面对敦刻尔克恶劣的天气却无计可施。这时参谋为他送来了气象报告,预计近几天内法国东南部仍将持续阴雨天气。耶顺内克有些紧张,他明白如果这几天时机错过,英军将很可能把被围困部队全部撤回本土。他命令气象部门拿出更详细的气象报告,同时接通了作战室的电话。

"各机场待战飞机,立即以3至5架小型编队对敦刻尔克实施连续轰炸。不管目标上空能见度如何,炸弹必须投下去。"无奈之中,耶顺内克只能出此下策,以求扰乱英军的撤退部署。

▲ 英国应法国的要求向法国西北部派遣了"飓风"式战机，但是此举丝毫改变不了战争的进程。

▲ 德国空军 Ju87B 型轰炸机准备前往敦刻尔克执行轰炸任务。

▲ 一名英国妇女正为从敦刻尔克撤离的法国士兵送茶水

敦刻尔克上空又响起了轰炸机发出的隆隆声。新集中起来的几支高炮部队开始漫无目的地对空射击，士兵纷纷跳进附近的战壕。然而，投下的炸弹几乎没有造成什么伤害，不是投进了距岸滩很远的海里，就是投在无人的空旷地，偶尔有几颗落在士兵聚集的沙滩，柔软的沙子也像坐垫似的把大部分爆炸力吸收掉了，哪怕是炸弹就在身旁爆炸，也不过是溅起一脸泥沙而已。

这种无目的的零星轰炸一直在不间断地进行。但撤退的士兵很快便对之习以为常了，他们纷纷爬出战壕，做他们要做的事情，排在后面等候上船的士兵，甚至玩起了沙滩排球，就像在英格兰岛欢度周末一样悠闲自得。

29 日早上，撤退行动的总指挥拉姆奇海军中将收到来自本土的电报：29 日之前共有 6.5 万人安全返回。但拉姆奇心中却没有丝毫的轻松感，在敦刻尔克岸边等待撤离的部队越来越多，在敦刻尔克西部和北部的德军地面部队又加强了攻势，防御圈在不断地缩小，他只有祈求上帝让这种大雾天气能多持续几天，但遗憾的是上帝并不总是那么遂从人愿，大约下午 2 点钟，阳光又洒满了敦刻尔克的海滩。

还不到 1 个小时，德军 3 个大队的"施图卡"式大型轰炸机编队便赶到了。一架架德机像饥恶的老鹰一样扑向地面的"猎物"，仿佛要夺回这几天的损失。这次德机只把大型运输船只作为主要轰炸对象。一架俯冲轰炸机追上已经驶离港口的"奥洛国王"号大型渡船，从高空直插下去，在机身就要触到船上的烟囱时迅速打开弹仓，炸弹几乎全部落在了甲板上，在一声声震耳欲聋的爆炸声中，"奥洛国王"号很快便沉入了水中。距岸 50 米远的另一艘英国先进的驱逐舰也未能逃此噩运，两架德机同时向它俯冲下来，舰炮还来不及瞄准，几枚炸弹就已经命中了舰后的动力仓，锅炉开始爆炸，紧接着又 1 架德机袭来将其击沉。海上的运输船已经完全失去队形，乱作一团，许多船只起火，抛锚在海上。

当天下午 5 点 27 分，新赶来的德军第 2 航空队两个轰炸机团又对英国船队进行了猛烈的轰炸。

这天下午，英国海军损失驱逐舰 3 艘，遭受重创 7 艘，还有 5 艘大型渡船被击毁。当晚，拉姆奇将军不得不把 8 艘最现代化的驱逐舰撤出战斗，因为这些战舰直接关系到即将来临的抗击德国人侵的战斗成败，他不能拿它们来冒险。尽管遭受到如此大的损失，这一天英军仍然从港口撤走了 3.35 万人，从海滩撤走了 1.4 万人，其中包括近 1 万名法军。

30 日，戈特勋爵的参谋人员与拉姆齐会商后通知戈特说，6 月 1 日白天是可望守住东部外围阵地的最后时间。因此，应采取非常的紧急措施，尽可能保证撤退那时还留在海岸上的大约不到 4,000 人的英国后卫部队。

后来发现这个数目的兵力不足以防御最后的掩护阵地，于是决定将英军的防御地区保持到 6 月 1 日与 2 日之间的午夜，同时在完全平等的基础上撤退法军和英军。

5 月 31 日，丘吉尔飞往巴黎，参加盟国最高军事会议的一次例会。会上，法国人对撤退的英军人数显然多于法军撤退的人数感到不快。丘吉尔解释道，这大部分是因为在后方有许多英军行政单位，这些单位的人员能够在战斗部队从前线撤下来以前先行登船。此外，还由于法军到现在还没有接到撤退的命令。他同时反复谈到英国人的装备遭到的惨重损失。雷诺对英国海军和空军备加赞许，并共同商定了最后撤退的打算。

丘吉尔说，英军决不先上船；英军和法军应按同等数字撤退；英军要担任后卫。他强调说："仍在敦刻尔克的 3 个英国师，将同法国人在一起，直到撤退完成。"最后他们喊出了"挽臂同行"的口号。

☆ 敦刻尔克奇迹

从 5 月 31 日到 6 月 1 日，敦刻尔克的大撤退达到了最后的高潮，两天来，从敦刻尔克已平安地运走了 13.2 万人。其中将近 1/3 是在猛烈的空袭和炮火下用小船从海滩上撤出的。

5月31日凌晨，天空又下起了小雨。敦刻尔克港又暂时恢复了平静，从英国本土新筹集的大量民船也加入了输送的行列，撤退的速度明显加快。同时，地面防御部队也顶住了德军的多次进攻，防御圈缩小到33公里，以便收缩兵力做最后的抵抗，为海上撤退赢得更多的时间。

5月31日，德国空军作战室的气氛异常沉闷。因为整整两天未对敦刻尔克进行有效的轰炸，希特勒对此非常不满。眼看着一批批英法士兵从他的眼皮底下溜走，他实在气愤难平。这时，气象报告打破了室内死一般的沉静：预计24小时内敦刻尔克上空将出现晴朗天气，轰炸可继续进行。大家顿时忙碌起来。

与此同时，英军也得到了同样的气象报告，战时内阁决定动用大量先进的"飓风式"战斗机和"喷火式"飞机在敦刻尔克上空进行不间断的巡逻，为撤退部队提供安全保障。

一场空中激战又一次拉开了帷幕。

6月1日拂晓，英吉利海峡上荡起的阵阵微风，吹散了水面上的晨雾，圆盘似的旭日贴着海面冉冉升起，风平浪静的海面上泛起了粼粼波光。

首批担任警戒任务的28架"飓风式"战斗机从英国南部起飞了。它们穿过英吉利海峡，向着预定的敦刻尔克以西30公里的巡逻空域飞去。当机群刚刚抵达敦刻尔克上空时，领航飞机便发现了正在逼近的德国机群，飞行员们赶忙提高飞行高度，直扑德机。但当他们临近敌机时却被德机强大的阵容惊呆了：德机组成了上、中、下三层的立体编队，下面是40余架轰炸机，中间是担任近距离支援任务的战斗机，最高一层是进行高空支援的战斗机。

"飓风"飞机钻入了高空云层，试图躲过敌人强大的掩护机群，然后从背后进行攻击，但为时已晚，敌机显然已经发现了他们的动机，大批敌战斗机急冲下来，死死咬住了他们。英机不得已只好将编队一分为二，一部分直扑敌轰炸机群，另一部分向敌战斗机猛扑过去。

▲ 德军机群飞临敦刻尔克上空。

▲ 敦刻尔克到处是被德军炸毁的大炮和炸死的法军士兵。

▲ 载满了英军士兵的拖捞船正驶离敦刻尔克海港。

这是一场德军占绝对优势的空中肉搏战。

突然，一架德轰炸机首先被英机击中，拖着浓烟滚滚的尾巴掉了下去。德机见状立即将其余的轰炸机排成圆形防阵，互相掩护尾翼，以消除英机从背后攻击的威胁。英机见状只好迅速拔高，企图从高空打开突破口。

此时的高空更是弹雨穿梭，杀声一片。英 1 架"飓风"战斗机从背后向 1 架德战斗机发起了攻击，德机向左一拐，巧妙地避开了"飓风"式飞机的火力，子弹从它的右侧擦过，使英机扑了个空。可就在这时，另一架斜插过来的德机却躲闪不及，被击中坠落。

德机一看形势不好，赶紧变换战术。1 架德战斗机急速向下滑行，看起来好像要逃离战场。1 架英机立即追了上来将它咬住，正当这架德机眼看要成为战利品的时候，突然从高空射来一束急促的子弹将这架尾追的英机击落。这种德军创造出来的"诱饵战术"使英机频频上当，仅仅几分钟就有 3 架英国飞机被击落。

战斗进行得相当残酷，英国飞行员以顽强的毅力与数倍于己的德机周旋着。不久，第2批从英国起飞的两个中队的战斗机也加入了空战。敦刻尔克西部的天空充满了战斗的喧嚣声，弹片、硝烟、火光在空中弥漫着，本是晴朗的天空此时却看不到一丝蔚蓝。

这一仗英国空军终于以顽强的行动打退了德军，击毁击伤德机21架，打乱了德军的空袭计划，狂傲的德意志帝国空军第一次尝到了英国空军的厉害。

然而德军并没有死心，他们派出了更加强大的战斗机群，为轰炸提供空中掩护。6月1日上午，英、德在敦刻尔克的空中交战几乎从未间断，规模在不断扩大。英国空军几乎出动了一切可以动用的飞机——飓风式飞机，喷火式飞机，装有炮塔的双座无畏式飞机，甚至赫德森轰炸机、双翼箭鱼式鱼雷轰炸机及笨重的安森侦察机都从英国起飞，参加空战。但是尽管如此，仍然未能完全阻止住蜂群一样涌来的德机的进攻，一些德轰炸机躲过了英机的拦截，飞到敦刻尔克港上空大肆轰炸。

下午，狡猾的德国人改变了战术，他们利用大编队英国轰炸机离开加油的机会，发动主要攻击。他们以部分战斗机牵制住警戒的小股英机，轰炸机则迅速飞抵敦刻尔克上空，从较高的高度对地面进行袭击，投弹后则迅速返回。

这一天英军有31艘舰船被击沉，11艘遭受重创，是为时9天的撤退中损失最惨重的一天。

晚上，拉姆奇将军向英军总部报告了当天的损失情况。他最后说："今天，痛苦的经验告诉我们，我们无法阻止德军空袭，白天撤退等于自取灭亡，撤退应改由夜间进行。"的确，英国空军已经倾其所能，歼击机中队轮番出动，有的飞机一天竟出动35次之多。考虑到为以后的作战保存空中力量，英军总部同意了拉姆奇将军夜间撤退的计划。

6月2日以后，撤退完全改在夜间进行，德国空军对此无可奈何，随即转移了空袭目标，开始对巴黎等地进行大规模空袭，对敦刻尔克的攻击又重新交给了地面部队。但此举已为时过晚，被围英法联军已大部撤回英国。

最后，在6月4日下午2点23分，英国海军部在法国同意之下，宣布"发电机"作战计划现已完成。

满载着法国士兵的英舰"希卡里"号是最后一艘驶离敦刻尔克港口的船只。在他们的身后，后卫部队眼睁睁地看着最后的船只远去了。一位法国史学家叹道："在敦刻尔克之战中，再也没有比这一插曲更令人伤心不已的了。"

就在这艘弹痕累累得英国驱逐舰在宽阔的海面上破浪前进时，德军坦克小心翼翼地爬入已成废墟的港口。

留守的法国部队打出了他们的最后一发子弹。

6月4日，英军终于实现了从敦刻尔克撤出33.8万余人的奇迹。其中有英国远征军21.5万人，法军12.3万人。为此，盟军被击沉了243艘各种船只，还损失了1,200门火炮、1,250门高射炮和反坦克炮、6,400支反坦克枪、1.1万挺机枪和7.5万辆摩托车。负责最后掩护的数千名英军和4万名法军被俘，他们在德国的俘虏营里度过了艰难的岁月。

在空军方面，英国虽然付出了损失110余架飞机的惨痛代价，但德国空军损失更大，它不但损失了150余架飞机，而且未能阻止住登船行动，使盟军为尔后的战争保存了巨大的有生力量。

由于英法人民群众的支持和士兵的努力奋战，敦刻尔克撤退得以成功。从某种意义上说，人们称这次撤退为"敦刻尔克奇迹"也不为过。英国史学家肯德尔赞扬说："这是战争史上一次英勇而成功的撤退。它有助于在希特勒的攻不破的胜利墙上打进第一个致命的楔子。"另一位史学家迪万说："就规模和结果而言，很难找到一个战役可与之媲美。"

英国历史学家评论说："欧洲的光复和德国的灭亡始于敦刻尔克。"而德国决定由空军取代地面装甲部队消灭敦刻尔克的盟军则被视为二战初期"德军最大的失误"。但是我们不能简单地说，希特勒"停止前进"的命令救了数十万英法联军的性命，历史往往在许多偶然因素中曲折地走着自己要走的路。

敦刻尔克的突围和撤退，挽救了英国的军队。但丘吉尔于6月4日在下院议会中提醒议员们说："我们必须非常慎重，不要把这次援救说成是胜利。战争不是靠撤退赢得的。"

丘吉尔随之表示了自己对于战斗的信心："但是，在这次援救中却蕴藏着胜利，这一点应当注意到。这个胜利是空军获得的……这是英国和德国空军实力的一次重大考验……已经证明，我们所有的各种类型的飞机和我们所有的飞行人员比他们现在面临的敌人优越。"

在6月4日这个著名演说的最后，丘吉尔不仅向英国人民，而且也向全世界阐明了他的战斗决心：

"尽管欧洲的大片土地和许多古老的有名的国家已经陷入或可能陷入秘密警察和纳粹统治的种种罪恶机关的魔掌，我们也毫不动摇，毫不气馁。我们将战斗到底。我们将在法国作战，我们将在海上和大洋中作战，我们将具有愈来愈大的信心和愈来愈强的力量在空中作战；我们将不惜任何代价防卫本土，我们将在海滩上作战，我们将在敌人登陆的地点作战，我们将在田野和街头作战，我们将在山区作战；我们决不投降；即便我们这个岛屿或这个岛屿的大部分被征服并陷于饥饿之中——我从来不相信会发生这种情况——我们在海外的帝国臣民，在英国舰队的武装和保护之下也将继续战斗，直到新世界在上帝认为是适当的时候，拿出它所有的一切力量，来拯救和解放这个旧世界。"

大海暂时阻挡了德军的追击。希特勒转头南下，深入法国腹地，准备进攻巴黎。

第7章

CHAPTER SEVEN

哭泣的凯旋门

希特勒吹嘘这是"历史上一次最大的战役"……来到"森林草地",希特勒觉得这里空气格外清新……"魏刚防线"全面崩溃……墨索里尼厚颜无耻地说:"我只要付出几千条生命作代价,即可成为战争参加者坐到和会的桌旁。"……贝当平静地回答丘吉尔:"在那个时候我可以调动60个师以上的大军,可是现在一个师也没有。"……丘吉尔再访法国,雷诺提出单独媾和问题……"我决定在巴黎的前面作战,在巴黎的城里作战,在巴黎的后面作战。"……随军的美国记者写道:"在6月14日进入法国举世无双的首都——巴黎时,没有比这种使我心中更难磨灭的经历了。"

☆ "红色" 作战计划

占领法国首都，彻底征服法国，是希特勒早已打定的主意。当敦刻尔克的交战还在进行时，踌躇满志的希特勒就已经开始调动兵力，重新部署，准备进攻法国腹地了。

而当英法盟军从敦刻尔克撤退之后，希特勒的进攻矛头就直指巴黎了，法国战争的最后阶段开始了。

当敦刻尔克撤退还未开始，更早一些时候，5月20日，希特勒已和布劳希奇、哈尔德商议法国战役第二阶段的行动纲领，代号是"红色方案"。依照这个方案，德军将从索姆河和安纳河朝塞纳河下游和瑞士边境迅猛南进。

6月2日晚，布劳希奇给希特勒打电话，报告敦刻尔克战役基本定局，拥有136个师的德国陆军实际上没有受到什么损失，它将以2:1的优势进行"红色方案"，让法国一败涂地。"红色方案"的尽早实现，对于希特勒而言，还有心理上和政治上的因素：必须尽快占领凡尔登。

希特勒在纳粹党的军官们和私人警卫员簇拥下，巡视了在比利时和佛兰德的战场。5月末，意大利的使者曾给希特勒带来了墨索里尼的建议，说意大利准备在6月5日攻打法国的阿尔卑斯山边界。希特勒认为，这一举动很可能使世界舆论产生错觉，仿佛是意大利的"第二战线"而不是他的"红色方案"导致法国垮台，因此希特勒叫墨索里尼稍安毋躁。

6月的头两天，希特勒还召集了将领们开了会，坐敞篷车游览了布鲁塞尔——上一次游览此地时，他还是个巴伐利亚步兵，而今是第三帝国元首，而且刚刚赢得了大战的胜利，希特勒感到无比得意。

FRANCE 二战经典战役全记录
梦断马奇诺

▲ 希特勒在与手下将领研究"红色方案"。

第2天，希特勒向伦德施泰特和他的将领们讲了话，概括了"红色方案"的要点，并告诉他们意大利即将参战。

"红色方案"预定分3个阶段实施进攻：

第一阶段，在海峡和瓦兹河之间向塞纳河下游推进，直指巴黎，旨在以右翼的少量部队配合和掩护晚些时候开始的主要作战行动。

第二阶段，陆军主力发动进攻。强大的装甲部队和摩托化部队经兰斯两侧向东南方向实施突击，打垮位于巴黎－梅斯－贝耳福三角地区的法国陆军主力，摧毁马奇诺防线。

第三阶段，及时支援这一方向的主要作战行动，手段是实施辅助作战行动，在圣阿沃尔德和萨尔布吕肯之间敌防守力量最薄弱的地段突破马奇诺防线，以较弱的兵力向南锡－吕内维尔方向实施突击。

为了乘德军强大攻势的余威一举占领法国，德军一面向敦刻尔克进攻，一面按照"红色方案"的要求调整兵力部署。

博克将军指挥的B集团军群占据了从海岸沿索姆河、瓦兹河到安纳河一线的阵地，准备从索姆河地区向南进攻，占领勒阿弗尔和塞纳河边的鲁昂。克莱斯特的坦克集群也由博克将军指挥，该坦克集群的任务是在巴黎以东进攻并占据马恩河的渡口。

伦德施泰特将军指挥的A集团军群，占据了沿安纳河东至卢森堡边界的正面，准备在兰斯两侧向巴勒杜克——圣迪济埃总方向实施突击。为了加强伦德施泰特的部队，组建了古德里安将军的坦克集群，该坦克集群准备在朗格勒高原的方向上作战，向马奇诺防线的后方迂回。

勒布将军指挥的C集团军群，占据齐格菲防线和莱茵河一带的阵地，时刻准备突破马奇诺防线。

除了仍须继续对英国本土实施作战外,空军的任务是:当陆军在兰斯方向的主要作战行动开始后,空军除应保持空中优势之外,还应直接支援地面进攻,击溃新出现的敌军集团,阻止敌人转移兵力,尤其应掩护进攻战线的西翼。

为了一举挥师南下,彻底击败法国。德军集结了140个师(旅),其中有11个坦克师和2个摩托化旅。

可见,希特勒用于进攻法国腹地的兵力,是十分强大的。那么,盟军方面呢?

由于战争的第一阶段,德军在比利时和法国北部实施的毁灭性突击,使比利时全军覆没,法军30个师,英军9个师也不复存在。这些都使得盟军元气大伤。

法国在战争的开始阶段,损失就已经非常大,即使把其后备部队从意大利边境撤回也丝毫无济于事。法军新任司令魏刚拼凑了49个师加上英国的2个师,编成了3个集团军群,在索姆河和安纳河一线构筑了东西长度480公里的"魏刚防线",同时以17个师驻守马奇诺防线。两条防线连在一起,企图挽回败局,阻止德军南下。

更糟糕的是,法军的这些部队严重缺乏坦克、大炮和高射炮。空军方面,法国空军早在战争早期就损失惨重,而德国空军则训练有素,指挥得当,相比之下,法国空军根本不能提供什么有效的援助。

从双方的兵力对比来看,兵力悬殊相当大,法军在缺少反坦克武器和没有制空权的情况下,要守住从索姆河口到马奇诺防线这条400公里长仓促构筑的防线,遏制住强大德军的进攻,是极其困难的。

"魏刚防线"抛弃了色当战役以来就认为应在前线防守的一贯做法,而选择了"刺猬"防御方案,即在每个防线上设立一个个的被称为"刺猬"的点,每个"刺猬"都有强有力的防御功能。在每个"刺猬"背后,都有一个灵活机动的后备部队,它们被用来对付德军的渗透,然而,由于缺乏足够的机械化部队,它们无法应付德军坦克师的强大攻势。因此,一旦防线有一处被刺穿,那么德军就很容易下手了。

▲ 德军飞机在法国上空飞行。

▲ 希特勒与占领巴黎的德军士兵在一起。

此外，德国人还拥有决定性的优势：在古德里安猛扑向海边，迫使英法盟军大撤退，和"装甲通道"形成后不久，德军就在索姆河和艾纳河畔夺取了几个桥头堡，他们将以这些桥头堡作为跳板，把法军对他们的所有抵抗都扼杀在摇篮里。当最后的战斗开始时，这些预先占领优越位置的德国军队就像一把锐利的刺刀直指法国的心脏地带。

6月3日，德国空军向法国机场和后方实施了猛烈轰击。

6月4日，即在敦刻尔克陷落当天，魏刚将军向法军发布命令："固守索姆河防线至6月15日，届时我的预备队即可进入阵地。"

6月5日，德军最高统帅开始实施吞并法国的"红色方案"。希特勒发表了告军人书，煽动部属加紧侵占巴黎，狂吹这是"历史上最大的一次战役"。当天早晨5时，随着希特勒的一声令下，德军转锋南向，沿阿布维尔到莱茵河上游一线，在整个600多公里宽的横贯法国南部的战线上，发动了强大的攻势。

其实，"红色方案"刚开始执行时并不很顺利。B集团军群在6月5日发动进攻，然而A集团军群等到9日才缓缓行动。这一次，法军表现出前所未有的决心和坚强的意志，他们的气势根本有别于数周之前。德国坦克师非但没有突破这些桥头堡，反而由于受到法军的猛烈强攻而受阻。一位德国士兵这样写道："在那些已被毁的村庄里，法国人坚持抗战到最后一人。当我们的步兵打到他们身后32公里处，那些'刺猬'仍在浴血奋战。"所有沿"魏刚防线"的法军英勇杀敌，誓死奋战。当法军用那些在一战中就曾用过的武器来抵抗德军的坦克时，德国步兵已在法国防线上就位了。

当日拂晓，博克的B集团军群率先在右翼发起全线进攻，同一天，隆美尔的第7装甲师抢先渡过索姆河。德军利用第一梯队的各坦克集群，开始向法国腹地迅速发展进攻。

这一日，战场上空上千架德国轰炸机盘旋俯冲，地面上200多辆德国坦克横冲直撞，100多个德国师如同一群疯狂的野兽张牙舞爪猛扑过来。尽管法军统帅部浸透了失败主义的情绪，但是法国士兵最初还是坚守阵地，在法军的顽强抵抗下，德军有4个装甲师没能楔入法军阵地。然而，德军霍特装甲军的2个装甲师却在阿布维尔取得重大进展，经过一昼夜的进攻，不仅突破了法军在这一地区的防御，而且向前推进了10公里。

6月6日，战况空前激烈。在索姆河中部，法军顽强抵抗，德军进攻受阻，在西部，霍特装甲军继续向前推进，第4集团军利用所属装甲军的战果，迅速扩大突破口，并击退了英国远征军第1装甲师的阻击，把法军第10集团军分割成两半，将其左翼紧逼到海边，迫使其右翼向塞纳河一带撤退。

法国政府未能组织对德军的抵抗，拒绝了法国共产党中央委员会6月6日的建议，即动员群众回击侵略者，改变战争性质，使其变为争取法国自由与独立的人民战争。雷诺政府的这个决定，使得法国无可救药地走向了亡国的道路。

这一天，当飞机、大炮、坦克开始喷火的时候，希特勒就"起驾"前往比利时南部的一片森林里，那里刚刚赶造了他的新大本营，代号为"森林草地"。

希特勒为了法国战役的后半部分即"红色方案"的实施，在比利时南部找到了一个新的大本营驻地———一块森林空地上的荒凉村庄布鲁里德帕克。在这里，工作人员迅速地为希特勒架起3个营房，一个做宿舍，一个做饭厅，一个做约德尔的作战局，近旁的一所教堂改成了供其余人住的房子。到6月6日希特勒抵达之时，代号为"森林草地"的整个大本营已经准备齐全，设有防止空袭的炮兵连，还围上了带刺的铁丝网。

来到"森林草地"，希特勒觉得这里空气格外清新。虽然战争尚未结束，但他已飘飘然了，荷兰投降了，比利时投降了，英国人侥幸从他的指缝里狼狈地溜掉了，法国虽然还在挣扎，但已被打断了脊梁骨，德国军队不久将会将它撕成碎片。现在，战场指挥的事情已经不太多了，他可以轻松地离开军事地图，多想想怎么收拾敌人。在执行"红色方案"期间，他要做的事情很少了，"黄色方案"期间定期给他打电话的布劳希奇，现在亲自来了。希特勒对他温和多了，从对待他的未来军事计划上看，好像把他当成了自己更知心的人。有一个时期，希特勒甚至放弃了解除布劳希奇职务的念头。他曾对一个副官说，对于一个时常得胜的陆军总司令，他很难做出这种事。

里宾特洛甫也是这里的常客。敦刻尔克战役之后，他问希特勒，可不可以起草与英国议和的方案，但是希特勒回答说："不用了，我自己来做。要做的只有几点。第一，不能以任何行为和任何形式损伤英国的威信，第二，英国必须归还我们一两处原来属于我们的老殖民地，第三，我们一定与英国达成一个稳定的暂时协定。"

大本营的一个成员描写等待法国崩溃的那些个星期时写道："这几个星期充满了幸福的回忆。部分原因是军事上的漂亮仗，部分原因是在艾弗尔和比利时的壮丽景色。当然我们有很多事要做，也常常干到深夜，但是从前度过的那些周往往是紧张得难以忍受，对比之下，这儿的工作是愉快的。每天晚上，元首同十来个人在小房间的餐厅里吃饭，通常有一两个德军作战局的军官参加，每隔8到10天，就轮到我去。他对世界上的事情很熟悉，十分幽默，我们无所不谈，就是不谈本职工作。还记得我们一起争论过，为什么大杜鹃一定要在别的鸟巢里产卵。"

希特勒的一位秘书在6月13日写道："我们又离开前线，在这荒凉的村庄里呆了一个星期了。头几夜我不得不和另外一位姑娘住在一个以前的猪圈里，虽然铺上了地板，但还是非常潮湿。谢天谢地，昨天营房为我们准备好了，于是我又睡在干地上了……每天夜里我们都有同一个节目：12点20分整，观看敌机来到村庄上空盘旋。不知道他们是在寻找我们，还是寻找通往前线的近路。飞机飞得太高，我们打不下来。要是飞机不来，首长（指希特勒）就要问：'今天我们执行任务的飞行员哪里去了！'无论怎样，我们每天夜里都要和首长及他的下属在露天里站到第2天清晨3点半到4点，观看着夜间的空中演习，直到黎明时，侦察机消失。那个时候的晨景使我想起了卡斯珀·戴维·弗里德里希的一幅油画……"

这一边，希特勒正轻松地想着如何收拾向他投降的国家；那一边，他的百万大

▲ 在德军入侵中，法军进行了有限的抵抗。

▲ 一名阵亡的法军士兵的尸体。

▲ 战争开始前，丘吉尔远赴巴黎与英美高级将领会晤。

军仍在疯狂地向法国腹地挺进。

6月7日，隆美尔师将防守阿布维尔－亚眠一线的法国第10集团军拦腰斩断，其他德军各师得以从这个缺口向前拥入。"魏刚防线"开始全面崩溃，魏刚曾企图沿安纳河一线组织新的防线，现在已是完全不可能了。

6月8日，隆美尔师进抵塞纳河畔。同时，德军在香槟境内，降落大批伞兵，骚扰法军后方，双方力量更加众寡悬殊，法军不断后退。

在B集团军群发起进攻后，德军左翼的伦德施泰特A集团军群也于6月9日在艾纳河发起渡河攻势，当晚，古德里安装甲兵团的第1装甲师强渡艾纳河，6月10日，古德里安兵团击败法军装甲部队，突破了法第6集团军的右翼，此后，古德里安挥军南下，一路长驱直入，似入无人之境。

成群结队的法军俘虏丧魂落魄地把枪支扔给德军，放在德军坦克下面压毁。魏刚后来心情沉重地写道，使他"最感触目惊心的，就是德军的坦克和飞机，已使法军士兵产生了恐惧的心理现象。这要算是德军的一个最大的成功"。

6月17日，古德里安装甲兵团进抵瑞士边境城镇潘塔里尔，切断了马奇诺防线内法军逃往瑞士的退路。自强渡艾纳河以来，古德里安装甲兵团在10天中长驱400多公里，俘虏法军25万之多，创造了战争史上的奇观。

6月10日，隆美尔又转身北向，一口气冲了80公里远，以海岸线为目标，当晚就到达目的地，切断了正向海岸撤退的法军第9军和英军第51师的退路。同日，德法两军在距巴黎仅50多公里处展开了一场厮杀。德军在全线投入了200万兵力，战况之激烈为开战以来所未有，法军已是最后挣扎了。经过激战，德军强渡塞纳河，占领了巴黎近郊一些防御阵地，法军全面后撤，防线已是整个崩溃。

6月11日，德军占领了兰斯，迫使法军退守马恩河南岸。在德军占领鲁昂后，法军第9军和英军第51师的退路被切断，它们指望从海上撤退。11日至12日夜间，大雾弥漫，船只不能从圣伐勒里撤退军队，12日晨，德军进抵南面的海崖，海滩直接处于德军炮火之下。城里出现了白旗，法国第9军和苏格兰高地师（英军第51师）的残部被迫投降。此仗，仅有英军1,350人和法军930人逃脱了，8,000英军和4,000法军落入了隆美尔指挥的第7坦克师之手。

☆ "那是政治问题"

正当法国摇摇欲坠之际，意大利又在法国后面捅了一刀。

6月10日，墨索里尼在罗马威尼斯宫从他的阳台上向组织好了的群众宣称，意大利与法国和英国已处于交战状态。齐亚诺后来曾说：这是"五千年才有一次的机会"。当天下午4时45分，意大利外交部长通知英国大使说，意大利认为它从当天

▲ 墨索里尼在罗马威尼斯宫阳台上对民众演讲时的场景。

午夜起就与联合王国处于战争状态了。对法国政府，意大利也送达了同样的照会。

对于这次蓄谋已久的行动，墨索里尼厚颜无耻地说："我只要付出几千条生命作代价，即可成为战争参加者坐到和会的桌旁。"

意大利立即进攻阿尔卑斯阵地的法国军队，英国也随即对意大利宣战。当时，法国只能集结3个师军队以及另外相当于3个师多一点的要塞部队，抵御意大利西部集团军从阿尔卑斯山山口和里维埃拉沿岸发动的进攻。意大利集团军在乌姆贝托亲王指挥之下，共有22个师，32.5万人，约3,000门火炮和3,000余门迫击炮。此外，德国强大的装甲部队，迅速地沿罗纳谷而下，马上就要横断法国的后方。

虽然如此，意大利人还是遭到了抵抗，甚至在新阵线的每一点上都被法国的阿尔卑斯部队牵制住，就是在巴黎已经陷落、里昂也落入德军之手以后，意军还无法取得什么进展。意大利以32个师的兵力进攻法国南部，法国守军只有6个师，但即使这样，作战不力的意军前进的速度也只能以英尺计。

当希特勒和墨索里尼6月18日在慕尼黑会面时，这位意大利领袖显然没有什么可吹嘘的。这一次，意大利独裁者明显地屈服了，他的宣战，在军事上是个欺骗，在政治上是个赌博。希特勒不靠他人帮助，单枪匹马出征，取得了胜利，不用说，今天该是他说了算。

德、意帝国这两个独裁者，还费时在明信片上签名，以作为此次会晤的留念。在一张明信片上，墨索里尼以刚劲的笔触写道："英雄造时势！"下边，是希特勒秀气的题词："时势造英雄！"

意大利于6月20日又发动了新攻势。然而法军的阿尔卑斯阵地被证明是不易攻陷的，意军向尼斯的主力攻击停顿在芒通的郊外。虽然法军在东南边境上保住了它的荣誉，然而德国却从南面抄了它的后路，从而使他们不能再进行战斗。

对于意大利进攻法国这一事件，许多人都表示了极大的愤慨。美国的罗斯福总统于10日夜间发表了一篇演说，他强烈地谴责意大利说："1940年6月10日这一天，手持匕首的人将匕首刺进了他的邻人的后背。"

德国方面，希特勒则是提前一个星期知道了这个日期，他曾试图说服意大利等一等，因为他不能抽出空军去援助墨索里尼的师穿过法国的阿尔卑斯山的防御工事。他没有试图掩饰自己的轻蔑，并且不准凯特尔参谋部和意大利军队进行参谋会谈。凯特尔参谋部的一个成员记载："元首的看法是，既然意大利在去年秋天我们危难之时抛弃我们，现在我们对他也不承担什么义务。"外交部官员们一会儿嘲笑墨索里尼是杂技团的小丑，当人家演完节目，他来卷垫子以博得观众对他的喝彩，一会儿又给意大利人起了个"摘桃子"的绰号。

11日吃午饭时，听说意大利人只是现在才轰炸了马耳他，希特勒不愉快地说："我是会用完全不同的方法干这一切的。"墨索里尼正式对法宣战，对马耳他却没有先发起闪电式的进攻，使希特勒大为恼火，几乎说不出话来，"这一定是历史上最后一次战争宣言。"他喊叫道："我从未想到这位领袖竟停留在愚昧人类的水平上。"他向他的副官们挥舞着墨索里尼宣布自己意图的信，并且又补充说："我一向认为他天真无邪，可是这封信从头至尾都是对我的警告，要我将来和意大利人打交道时要更加小心。"

6月11日下午2时，与前几次一样，1架"红鹤"式飞机由12架"喷火"式战斗机护送，从伦敦飞往战火弥漫的法兰西大地。这是丘吉尔的第4次法国之行，这次有陆军大臣艾登先生与他同行，另外还有现任帝国总参谋长迪尔将军，当然还有伊斯梅。

德国空军现已深入海峡，所以英国人必须做一个较大的迂回飞行。几小时后，他们在一个小机场降落，法国在场的人不多，不久一位上校乘汽车来了，这位法国人却面色阴沉，对英国人颇为冷淡。丘吉尔立刻意识到，自从一周以前他们访问巴黎之后，这里的情况已发生了巨大的变化。

丘吉尔在一座别墅里见到了雷诺总理、贝当元帅、魏刚将军、空军上将维耶曼，还有其他一些人，其中包括级别较低的戴高乐将军，他刚被任命为国防部副

▲ 德军在法西边境与当地驻军商讨接手防务事宜。

▲ 高举双手向德军投降的法军坦克兵。

部长。

晚上7时，英法首脑步入会议室。丘吉尔只重述了他始终一致的印象，他力劝法国政府保卫巴黎，他强调在大城市内进行逐房抵抗对入侵的军队有巨大的消蚀力量。他甚至向贝当元帅追述1918年英国第5集团军惨败后，在博韦他的列车中他们一起度过的那些夜晚。丘吉尔还故意不提福煦元帅，单单提他如何扭转了当时的局面，并背诵了曾任法国总理的克雷孟梭说过的话："我决定在巴黎的前面作战，在巴黎的城里作战，在巴黎的后面作战。"贝当元帅很平静地以庄严的态度回答说："在那个时候我可以调动60个师以上的大军，可是现在一个师也没有。"他说那时战线上有60个师的大军，就是把巴黎化为灰烬也不会影响最后的结局。

随后，魏刚将军就他所知的情况叙述了正在距此80～90公里进行的战争形势。他要求各方面增援——尤其是英国所有的战斗机队都应当立即投入战斗。他说："这里是决定点。现在是决定性时刻。因此，把任何一个空军中队留在英国都是错误的。"但是，丘吉尔回答道："这里不是决定点，现在也不是决定性时刻。那个时刻将要到来，那就是希特勒调动他的空军向大不列颠大举进攻的时候。如果我们能够保持制空权，如果我们能够保持海上交通畅通无阻（我们一定要这样做），我们将替你们赢回一切。"为了防御大不列颠和英吉利海峡，英国人将不惜任何代价保留25个战斗机中队，无论发生什么事，他们也不放弃。英国人坚持相信放弃这些空军中队，他们就等于将失去生存的机会了。

谈到某一点时魏刚将军说，法国或许将不得不要求停战。雷诺立刻喝阻他说："那是政治问题。"

丘吉尔说："如果法国在苦难中认为最好的办法是让它的陆军投降，那就不必为了我们而有所犹豫，因为不管你们怎样做，我们将永远、永远、永远地打下去。"当丘吉尔提到法军不管在任何地方继续打下去就能够牵制或消耗德军100个师时，魏刚将军答道："即便是那样，他们也可拿出另外的100个师来进攻和征服你们。到那时你们又怎么办呢？"丘吉尔认为，应付德军入侵大不列颠的最好的方法，就是

▲ 德军在法国境内进攻。

在半路上尽量淹死他们，对余下的人，他们一爬上岸，就敲他们的脑袋。魏刚苦笑着回答道："无论如何，我必须承认，你们有一道很好的反坦克障碍。"

在这次令人苦恼的会谈中，丘吉尔这样叙述他对法国人的印象："贝当在这关键时刻是一个危险人物，他向来是一个失败主义者，就是在上次大战中也是如此。"另一方面，法国戴高乐将军赞成游击战，他年纪轻，很有朝气，给丘吉尔的印象很好。

贝当、魏刚之流的投降决心已经定了，丘吉尔无可奈何之下，只好乘着他的"红鹤"回去了。他刚刚离开，贝当和魏刚就匆匆宣布巴黎为不设防城市。

6 月 13 日，丘吉尔对法国进行他最后的一次访问。法国政府这时已撤退到图尔，形势愈来愈紧张。这次天气晴朗，万里无云，"红鹤"周围有一队"喷火"式战斗机护航，它们比以前绕了一个更大的弯向南迁回飞行。飞临图尔上空时，英国人发现机场昨夜曾受到猛烈轰炸。虽然机场上有许多巨大的弹坑，但是所有飞机都顺利着陆。英国人立刻感觉到事态是更加恶化了，机场上没有人来欢迎他们，法国人像是不希望他们来。他们从机场卫戍司令处借了一部军用汽车，驱车进城，开往市政府，据说法国政府的总部就设在那里，那里没有一个重要人物，但是据称，雷诺就要从乡下乘车赶来，曼德尔不久也要到来。

这时已经快下午两点钟了，英国人开车穿过几条街道，街上拥塞着难民的车辆，车顶上多半铺着床垫，车内塞满了行囊，他们找到了一家咖啡馆，那里已经关了门，经过一番解释后，才弄到一顿饭，匆匆吃完。

不久，雷诺先生会见了英国人，他认为：应当趁法国还有足够的军队维持秩序到和平来临的时候，要求停战，这就是军方的意见。他当天还要给罗斯福先生再拍发一封电报，说明最后的时刻已经到了，盟国事业的命运掌握在美国之手。此后，不是停战就是媾和，二者必取其一。

丘吉尔说："大不列颠认识到法国已经遭受和正在遭受的牺牲是多么大。现在该轮到英国来做出牺牲了，英国对此已有所准备。由于在法国北方采取双方所同意的战略，战事遭受挫折，英国发现它目前在地面作战方面的贡献太小，因而感到悲痛。英国人还没有尝到德国皮鞭的滋味，但是完全知道那是多么的厉害……无论情况如何，英国都要继续战斗。英国并没有、也不会改变它的决心：决不讲和，决不投降。对它来说，不战胜，毋宁死！"

雷诺认为，在法国本土上，没有一块地方能使真正的法国政府可以逃脱敌人的俘虏。因此，要对英国人提出这样的问题："法国已经尽了它最大的努力，贡献了它的青春和鲜血；法国已经无能为力了；法国已经再拿不出什么东西贡献给共同的事业了，因此它有权单独媾和，这并不违背3个月前签订的庄严协定中包含的团结一致的精神，你是否承认呢？"

对于雷诺提出的单独媾和问题，丘吉尔认为在这个时候提出来，是非常的严重，所以请求在他做出答复之前，让他和他的同僚出去商议一下。

于是，哈利法克斯勋爵和比弗布鲁克勋爵以及其他随行人员就随丘吉尔走出来，到一个花园中，在那里谈了半小时。英国人回来以后，丘吉尔又重申了他们的立场，"不论情况如何，我们都不能同意单独媾和。我们作战的目的是要彻底击败希特勒，我们认为我们仍然可以做到这一点，因此，我们不能赞同解除法国的义务。不论发生什么情况，我们都不责难法国；但这和同意解除它履行诺言的责任是两码事。"雷诺同意这样做，并且答应说，法国将要一直坚持到知道他最后呼吁的结果为止。

丘吉尔知道法国人想媾和的想法已经无法挽回了，临行之前，他向雷诺提出了一个特别的请求。有400多名德国飞行员（其中大部分是英国皇家空军击落的）现在囚禁在法国，考虑到目前的形势，应该把他们交由英国人看管。雷诺当时欣然允诺，但是，过了不久，他就已经没有权力履行这个诺言了。

这些德国飞行员后来又都参加不列颠之战，英国人只得再一次花费巨大的力气击落他们。

☆ 巴黎沦陷

6月10日，雷诺总理致电美国总统罗斯福说："今天眼看敌军就要兵临巴黎城下，我们将在巴黎前方战斗；我们将在巴黎后面战斗；我们将在一个省聚集力量进行战斗，万一被赶出该省，就在北非建立根据地继续战斗，必要时我们将在美洲属地继续战斗。政府一部分已经撤离巴黎。我正准备去前线，目的是让我们所有的部队继续战斗，而不是停战。"然而，法国总理并没有像他对罗斯福所说的那样上前线去，而是在当夜零点撤往巴黎南部250公里处的奥尔良市。

在6月初的这几天里，法国政府和最高统帅部始终没有决定是否在巴黎城内进行抵抗，它们考虑更多的是把政府迁出巴黎，以免成为敌人的俘虏。所以直到6月9日，是否在巴黎抵抗的问题还悬而不决。

为摆出一副保卫巴黎的姿态，6月8日，法军集结了大约1万名士兵，配备200门反坦克炮和数百挺机枪，驻守在通向首都交通要道上新修的400个地堡内。还增加了30辆坦克，并设置了长达数公里的反坦克障碍物和壕沟。6月9日魏刚命令部队沿"巴黎城防工事"建立一道防线，由巴黎卫戍司令赫林指挥新编的"巴黎集团军"防守。

但是战争情形是紧迫的。6月11日，巴黎已经听到隆隆炮声了，德军距离巴黎只有40公里了。巴黎人心惶惶，议员、大银行家、商人等达官贵人正在准备逃亡国外。法国政府各机关也纷纷焚毁档案，相继撤退，难民不绝于途。魏刚、贝当之徒把当时的军事形势说得一团漆黑，竭力鼓吹败局已定，再抵抗是"无谓的冒险主义"、"继续作战会引起革命"，他们力主停战，放弃巴黎，并于当天宣布巴黎为"不设防城市"。

6月12日，在西南，德军在巴黎近郊防御阵地的西段强渡塞纳河，从韦尔农附近直扑埃夫勒，然后又进逼德勒，在东面，德军在马恩河地区以南进抵蒙米赖。这样，巴黎处在德军东西两面的夹击之中。当日晚，法军未经战斗就放弃了巴黎以北的防御。

13日，法军护城部队撤至巴黎以南的朗布依埃－儒维西一线，将巴黎拱手让给德军。当天下午5时10分，德军先头部队抵达巴黎北郊。随后，德军B集团军群所属部队包围了巴黎。

希特勒对于战胜法国，占领巴黎，竟然摆出一副"猫哭耗子"的姿态。也就在这一天，希特勒的一位秘书抄录他的话道："我个人无法相信6月之后战争还将继续下去。昨天在巴黎开了一个军事会议：魏刚宣布巴黎之战败了，并提议单独和解，贝当支持他的提议；但是雷诺和一些其他成员声色俱厉地向他提出抗议……准确地知道战争态势，却仍然命令你的士兵继续战斗，直至战死，这说明完全缺乏道义。"

6月14日，法国政府再次迁徙，这一次从图尔迁往波尔多。巴黎城防司令不战而交出巴黎，严令镇压人民反抗，并向群众宣布：凡从事抵抗者格杀勿论。

也许，抵抗确实只会引发可怕的破坏和大量的伤亡，但放弃首都无疑是对法国人民心理上的沉重打击。当听到政府要放弃保卫首都的命令时，法国作家莫鲁瓦这样说道："就在那一刻，我知道一切都完了，法国失去了巴黎，成了一个无头的躯体，我们战败了。"

德国大军以第9军为前锋，一枪未放便进入了巴黎。德军在第一次世界大战中曾两度逼近却始终未能占领巴黎，这回希特勒达到了目的。

德军参谋总长哈尔德称这天为"德国陆军史上一个伟大的日子！"负责进攻首都的B集团军群总司令博克也兴冲冲地赶到巴黎，很有兴致地在协和广场上举行了第9师的临时阅兵式，后又赶到迷人的香榭丽舍大道检阅了第8师和第24师的部队，德国士兵微笑着迈着正步通过了凯旋门。

▲ 经过巴黎协和广场的德军。

　　此时，法国政府大厦的上空和埃菲尔铁塔的顶端高高飘扬起了第三帝国的"卐"字旗。巴黎人从自己的窗户里望出去，看见这陌生的旗帜，心里都有了一种抓不住什么似的感觉，更有无可奈何的心酸味道。

　　且让我们看看美联社记者罗西洛描述的当时"死寂的巴黎"，他是紧随德军第一批前锋部队进入巴黎的，亲眼目睹了当时巴黎沦陷、法国人国破家亡的凄惨情景：

　　　　在6月14日进入法国举世无双的首都——巴黎时，没有比这种使我心中更难磨灭的经历了。如今我已经站在这里，这个丰富、快活、喧闹的大都市竟成了死城，真是不可思议，然而它真是死城；这一名城竟落在德军手里，真是难以想像，然而它却真是被德军占领了。

......

你若到过巴黎，请想想这种景象，协和广场前，没有了车水马龙按着喇叭的汽车、没有尖声叫喊的卖报人、没有了一本正经的警察、没有了愉快聊天的行人。这些，原是这个壮丽广场的景色，现在都没有了。只有一片沮丧的沉寂，不时被德国军官座车的声音所打破，他们正驶向克里隆旅馆——当地德军司令部匆匆设立的总部。这家旅社的旗杆上，德国国旗在微风中招展。

协和广场的现象各处都有。以前充满生命力的林阴大道、两旁排列的咖啡馆、以及往常坐满了促进食欲而品啜的巴黎人，现在却杳无一人，香榭丽舍大道只有一家咖啡馆开门；巴黎素负盛名豪华而灿烂的旅社，都隐灭在百叶窗的后面。我们看到，在埃菲尔铁塔顶端、外交部、市政厅的旗杆上——最奇怪的是，在凯旋门上——德国国旗取代了三色旗。

......

进入巴黎时，恰恰在入暮以前，我们在市区中心做了一次缓缓地巡行。第一处有历史性的位置，是凯旋门，献给无名英雄的纪念碑和"长明火"，全巴黎唯独在这里聚集了许多的人，他们都是难以形容的可怜的人——悲戚的母亲和妻子、低声饮泣的孩子，和泪流满面的白发老翁。

......

6月16日，星期日，无名英雄墓前另一幕景色，使我深深体味到法国的悲剧和德国的踌躇满志。布鲁森将军麾下素负盛名的一个师，通过凯旋门，在香榭丽舍大道举行分列式，进入福煦路。对法国人来说，这就是羞辱；对德国人来说，这是从凡尔赛条约以后，每一个德国民族主义分子美梦的实现。

第 8 章

CHAPTER EIGHT

法国败降

法国前总理宣称："我们的体系虽然不宜于进攻，但在防守方面却是呱呱叫的。"……马奇诺不可战胜的神话彻底破灭了！……雷诺辞职，贝当组阁……6月17日，戴高乐逃亡英国。飞机飞上了蓝天，腾空而去。机场上的人大为吃惊，但已无可奈何……贝当内阁向全国人民呼吁"我们必须停止这场战斗"……接到法国政府的停战要求，希特勒并不急于答复，他的葫芦里卖的什么药呢？……6月19日清晨，贝当政府终于等到它梦寐以求的时刻。希特勒通知法国："准备一俟得知法国代表团人员名单，就宣布停止敌对行动的条件。"

☆ 马奇诺不再设防

巴黎的陷落,对法国人的军心和民心产生了巨大的反响,许多法国人都为自己祖国的前途和命运担忧。但是,也有不少法国人仍然对战争前景抱以很大希望,他们寄希望于"马奇诺防线"。

马奇诺防线绵延于法国东部的全部国境线上,自卢森堡附近的隆维起,经提翁维尔、维桑布尔,再循莱茵河西岸南下,经斯特拉斯堡,到瑞士边境的贝尔福,全长750余公里。防线内堡垒林立,地下筑有坚固工事,还有地下铁道,隧道公路和各种生活设施。各火力据点相互配合,组成绵密的火力封锁通道,并设置有各种防步兵和防坦克障碍物。在主要作战方向上,还筑有堡垒据点,堡内大部分配有75厘米炮数门,机关枪10余挺,各种火器皆安置在可以旋转的钢塔内,可以左右旋转,侧射据点之内的死角。据点上面筑有钢筋水泥掩体,厚达3米,据点四周筑有外壕,据点内部架设铁栅,以防步兵强攻,各据点之间有地下走廊相通,可以相互支援。据点内还附设有完善的卫生设备、外科手术室和输血室等,地下室内还有大型现代化防毒措施。

就当时而言,马奇诺防线可谓世界上工事构筑最完善、障碍设置最完备、火力配系最严密的防线之一。法国政界和军界一致认为有了这道防线,就可以高枕无忧了。法国前总理勃鲁姆自吹自擂地宣称:"我们的体系虽然不宜于进攻,但在防守方面却是呱呱叫的。"这是一种典型的消极防御思想,只有目光短浅或狂妄自大的人才把它奉为至宝。历史证明,实际战争中那些单纯依靠防御的一方往往是失败的。最好的防守其实就是进攻。

贝当元帅曾对参议院陆军委员会说过:"这一扇形地区没有危险。"他在1938

年出版的《两大世界评论》中发表了一篇文章，重申了他对马奇诺防线的信心，说有了这条防线就无需担心装甲部队的进攻。同年，他又宣称对法国军队阻击入侵者的能力感到满意。法国人对马奇诺防线寄以无比厚望，可以看看甘末林将军的期待："必须使法国能凭借这个筑城工事系统进行战争，一如英国之凭借英吉利海峡。"

法国人仍然陶醉于他们的幻想中，他们认为只要坚守在马奇诺防线内，与德军长期对峙，逐渐消耗德军兵力，就可挫其锐气，御敌于国门之外，就可赢得战争的胜利。

然而，这些只不过是法国人美好的一厢情愿。德国人从来就没有把马奇诺防线看得那么神乎其神。

当步兵开进巴黎前后，德军坦克师在战场上节节进逼，一鼓作气地拿下了马奇诺防线。

6月13日，德军开始对马奇诺防线发起总攻击。从比利时的阿尔隆一带突入法境的德军几乎毫无阻碍。当晚，德军从左翼向凡尔登进袭，得手后直向马奇诺防线的背后迂回，力图形成对马奇诺防线的分割包围。

法军的抵抗毫无组织，德军坦克兵团迅速向法国腹地推进。14日，就在德军占领巴黎的当天，德军A集团军群的左翼已进至到马奇诺防线的侧背，"因为这条无用的防线，毕竟还存在着数十万没有投降或被消灭的法国军队"。希特勒要求伦德施泰特与C集团军群合作，彻底消灭那里的法国部队。根据希特勒下达的15号作战指令，一直在马奇诺防线当面执行吸引法军注意力任务的C集团军群，立即选择马奇诺防线守军的薄弱处，即阿尔萨斯和格林两筑垒地域的接合部发起进攻。A、C两集团军群前后夹击，通力合作。

德国第1集团军选择法军防御最弱的地区，在萨尔布吕肯地区向马奇诺防线正面发动了攻势。当天强渡湖沼区小河未成。次日，德军在重炮和俯冲轰炸机的掩护下以猛烈的火力侧射、压制高地堡垒，同时施放烟幕掩护各部队攻击，入暮时分，

▲ 德军正通过凯旋门。

▲ 法军幻想凭借坚固的马奇诺防线阻挡德军的进攻，未曾料想德军避实就虚，绕开了马奇诺防线给了法军致命一击。图为马奇诺防线的一处坑道内景。

法军防守的主要高地堡垒全部陷落。经过两天战斗，德军占领了萨尔布吕肯地区前面全部堡垒，突破了主要防线。

古德里安坦克集群进抵广阔战役纵深后，向南面的朗格高原推进，从西面迂回向马奇诺防线开进。现在该坦克集群由 A 集团军群划归 C 集团军群，在向东北展开后，开始向厄比纳尔、贝尔福方向推进。这样，马奇诺防线处于前后夹击当中。

古德里安实施纵深迂回，一举切断了阿尔萨斯和洛林两地法军的联系。6 月 15 日，古德里安装甲部队占领了法国古老的要塞朗格勒，第 2 天，占领格雷，6 月 17 日，占领贝尔松。随后，德国坦克逼近蓬塔尔利埃附近的瑞士边界。

就在古德里安完成他的包围圈时，克莱斯特的坦克部队正插入法国中部，它进抵特鲁瓦西北面的塞纳河并继续向里昂方向开进，这支德军于 6 月 16 日到达第戎，把正在向克莱蒙菲朗和里昂进军的法国部队切成两截。

法国败亡迫在眉睫，法兰西大地上到处一片骚乱，成群结队惊惶失措的居民和军队一起往后撤退。一位叫汉斯的匈牙利工作者曾经自愿为法军服务，他后来回忆当时的情景，仍然感叹不已："回头望去，后退部队的人流不见尽头。士兵们费力的行进中，形态狼狈不堪，就是与女人同在，恐怕也难分辨出他们的真实性别。当你再仔细看时，还可以发现孩子们绝望地叫喊着。要不然就像死了的一样默默无声；政府官员驾着车子，使劲地按着喇叭；还有疲倦的战马上驮着面无表情，满身灰尘的骑兵战士，他们亮色的制服在队伍中格外引人注目。整个队伍就像一支杂乱的出殡队伍一样。"

6 月 15 日晨，法国北部边境的马奇诺防线已被突破，法军节节退却。同日，法国东部边境的马奇诺防线被突破，南下德军挺进到科尔马尔，追上正在退却的法军，使其不得脱身。另一路南下德军进抵贝尔福，东向与科尔马尔的德军会合。

在 3 天的战斗中，德军在马奇诺防线正面不断扩大突破口，把马奇诺防线切成两段。德军自西面、西北面绕到马奇诺防线的背后，与正面突破东部防线的德军相会合，把来不及向南撤退的法国几十万大军，包围在铁圈内，紧接着，马奇诺防线中第 2 个最强大的防区阿尔萨斯筑堤地带也被包围。

6 月 17 日，C 集团军群进至马恩河至莱茵运河一线上，A 集团军群从侧后推进至瑞士边界，法军第 2、第 3 集团军群被围。50 万法国守军被合围在阿尔萨斯和格林南部，已呈强弩之势。对于这些法军，德军正如瓮中捉鳖般容易了。

经过 7 天战斗，到了 19 日，整个马奇诺防线全部被德军攻占。50 万法国守军如釜底游鱼，大部分都投降了，只有极少数的部队逃入瑞士境内。这 12,000 名法国人和 6,000 名波兰人被围在贝尔福以东，他们在圣于桑地域越过瑞士边境后也遭到了德军的扣留。

至此，马奇诺防线不可战胜的神话彻底破灭了。

巴黎失陷后，雷诺再一次致电美国总统罗斯福，呼吁全力援助法国，至少让美国舰队参战。他在给罗斯福的电文中说："惟有美国政府改变情况，法国才能继续战斗下去。"但是，罗斯福于 15 日回答雷诺说："将竭力以资源援助联军"，对出兵问题避而不谈。此时此刻，德军正紧追不舍，不给法军以任何喘息的机会，德军大部队一面由巴黎南下，一面由正背两面全力夹击马奇诺防线。

罗斯福复电的第 2 天，马奇诺防线已被突破。此时，德军正大肆驰骋在法国的心脏地带，英美又无法提供直接援助。在内外受困的极度不利形势之下，法国的败亡局势已是无法挽回。

☆ 战，还是降？

现在，法国人能做的只有两件事：或者投降；或者抢救他们的部队以保存力量，如用船将部队送到法国在北非的殖民地，进行修整，以待将来卷土重来。

他们究竟选择了哪一种呢？

6月12日，丘吉尔致电罗斯福，向他说明自己对法国统帅部领导人的认识："我在法国最高统帅部度过了昨夜和今天早晨，魏刚将军和乔治将军以最严重的措辞向我说明了此间的形势。如果法国的前线一旦崩溃，巴黎陷落，魏刚将军正式向他的政府提出法国已不能再继续他所谓的'协同作战'，这时候，形势的演变若何，是一个很实际的问题。年老的贝当元帅在1918年4月和7月间表现得并不怎样好，我很担心，他现在要用他个人的名声和威望替法国缔结一项和约。另一方面，雷诺则主张继续打下去，他手下有一位年轻的戴高乐将军，这位将军认为大有可为……据我看，在法国一定有许多人愿意继续战斗，或者是在法国，或者是在法属殖民地，或者是在两个地方同时进行……"

在法国存亡的危急时刻，法国内阁产生了严重的分歧。以总理雷诺为首的，包括戴高乐将军在内的一些人员是主战派，他们呼吁继续战斗；而以魏刚、贝当为首的相当一部分人属于投降派，他们主张立刻投降。

15日晨，法国总理雷诺接见了英国大使，告诉他说，他已断然决定把政府分成两部分，把政权中心设在海外。他这时已经认识到，在法国进行的战争已经完了，但是，他仍然希望从非洲和法兰西帝国用法国舰队继续打下去。确实，被希特勒所蹂躏的国家一个也没有退出战争。

实际上，这些国家都只是本土落入敌人之手，但是它们的政府却在海外竖起了它们的国旗，保持了国家的生存。雷诺愿意步这些国家的后尘，而且他有更多的可靠的手段，他想循荷兰投降的途径寻求一个解决的办法。这样做，可以使国家既保持了主权，又可以利用它手中掌握的一切手段继续战斗。

但另一方面，据魏刚看来，在他指挥之下的军队已不愿再打了，所以法兰西共和国应当屈服，并命令武装部队服从他很乐于执行的停战命令。

一直以来，魏刚认为所有继续的抵抗都是徒劳的，因此，他打算，在法国军队还保持着相当的纪律和实力足以维持战败之后的国内秩序时，强迫法国政府要求停战。他和法国总理唱反调，宣称法国军队不能再战斗下去了，应当趁着全国还没有陷于无政府状态以前，停止这场令人恐怖和徒劳无益的大屠杀。

从 6 月 15 日起，法国政府迁到波尔多，在这个省会中，将要上演这出悲剧中的最后一幕。政府各部竭尽所能将其机构安置在各种各样的办公室内和学校中，周围是一群群吵吵闹闹的难民，他们挤满了房屋和街道，使波尔多的人口比平时增加了许多倍，所有党派的政客都聚集到那里，等着瞧最后的这一幕戏。

而此时，贝当、魏刚及其周围的失败主义者为求得法国投降，展开了猖狂的活动，他们"诱劝"摇摆不定的政府成员和议会成员，把他们拉到自己一边来。

与此同时，远在英国的丘吉尔提出建立一个"法英联盟"的方案，希望能够刺激人心，扭转法国政府的对德投降倾向，以激励他们坚定到北非的法属殖民地继续战斗的决心。

6 月 16 日，雷诺将此方案提交内阁会议讨论。这是雷诺内阁的最后一次内阁会议。

内阁会议是在当天下午 5 时开始的。会议室外雷声隆隆，闪电如银蛇一般，不时划过黑沉沉的夜空。闪电来时，玻璃窗上银光闪烁，不停扭曲、蠕动着，十分恐怖的样子。雨哗哗地下着。窗外，不时传来炮弹的爆炸声，机枪的吼叫声。一时之间，雷声、雨声、枪炮声，交织在了一起。

为了加强效果，同时也因为雷雨枪炮声交加，使之听不清楚。雷诺将联盟方案反复读了两遍，会议室里一时间鸦雀无声，无人响应。很显然，英国人的建议并没有得到法国内阁的唱和。

以贝当元帅为首的一帮失败主义者甚至拒绝对方案加以审查，他们提出了种种强烈的指责，说它是"到最后一分钟才拿出来的计划"，是"突然袭击"，是"一个把法国沦为保护国或者夺取它的殖民地的计划"。他们说，这会把法国的地位贬为英国的一个自治省，还有些人埋怨说，连平等的身份也没给予法国人，因为法国人只能取得英帝国的公民身份，而不是大不列颠的公民，但是英国人却可以做法国的公民。

▲ 法国街头到处张贴着宣传与纳粹合作的海报。

▲ 法国政府的决策人物：陆军总司令魏刚（左），总理雷诺（右二），贝当元帅（右一）。

除此之外，投降派还提出了许多其他论点。魏刚几乎没有多费唇舌便说服了贝当，他认为英国已经完了，法国的最高军事当局说"不出3个星期，英国就会像一只小鸡似的被人拧住它的脖子"；而照贝当看来，同英国联盟无异"同死尸结成一体"；伊巴纳加雷在上次大战时曾是那样坚强，现在却大叫大嚷说："还是作纳粹的一个行省好些。我们至少明了那是怎么一回事。"魏刚的一个亲密朋友、参议员雷贝尔宣称，这个计划意味着法国的彻底的灭亡，总之分明是让法国隶属于英国。

雷诺虽然回答说，"我宁愿同盟国合作而不愿同敌人合作"，但是他的话已经没有什么号召力了，显然是白费唇舌。曼德尔也向魏刚的同伙诘问："你们宁愿作德国的一个区而不愿作英国的一个自治省吗？"但是，所有这些话都无济于事。

魏刚一再重复说："法军已经崩溃了，崩溃了。"就这样，丘吉尔的这个建议自行消失了。

这对于坚持战斗的法国总理来说，是一个对他本人的致命打击，这标志着他在内阁的影响和威望已经完结。其后内阁的一切讨论便转到停战和探询德国的条件上去了。

英国人一直很关心法国人的舰队，但他们就舰队问题发出的两封电报始终没有提到内阁会议上去，他们要求在同德国谈判前，法国舰队应开往英国港口，这点始终没有获得雷诺内阁的考虑，这个内阁现在已经完全解体了。后来，英国人被迫同他们盟军的那些舰队展开战斗，并不断地击沉它们。

内阁进行表决，有14人赞成与德国妥协，10人反对妥协，支持继续抵抗。而他们的总理雷诺多日以来由于身心紧张已经精疲力竭了，在8点钟左右，他把辞呈递交总统，并建议总统召见贝当元帅。

大约一小时以后，贝当和魏刚的联合势力压倒了政府中抗战的阁员，他们利用革命的恐怖说服了那批阁员。此后，商谈投降条件成为法国贝当政府的头等大事。

"法国已无所作为，只有向它不幸的命运屈服了，只有走这条路才是明智的，才能得救——至少可以挽救那些尚可挽救的东西"。谁都可以看得出来，贝当已决意率领他的新内阁向德国投降了。

法国的6月本是最迷人的季节，这时却陷入一片恐慌中，美丽的法兰西就要被卖国政府奉送给希特勒。但是，法兰西独立自由的精神并没有终结，具有斗争传统的法国人民是不会甘心屈服的。

在法国军队中，有一个坚决主张抵抗德国侵略的人，他就是夏尔·戴高乐将军。

戴高乐将军在第一次世界大战时是个中尉，在凡尔登战役中身负重伤被俘，战后才回到法国。第二次大战爆发后，他提出了针对德国闪电战战术建设机械化部队的建议，但没有受到重视。

人们说，戴高乐是应运而生的。

就在6月17日，贝当内阁执政，酝酿投降的次日，发生了戴高乐逃亡英国的插曲。

在法国沦陷时，戴高乐坚决要求抵抗德国侵略者，但在当时的法国政府中，他孤立无援。6月17日清晨，戴高乐将军在机场送别英国斯皮尔斯将军。

当两位朋友握手告别，飞机即将缓缓起飞时，戴高乐将军突然敏捷地一跳，跃上飞机舷梯，钻进飞机的机舱，并"砰"地一声关上机门。飞机立即飞上了蓝天，腾空而去。机场上的人目睹这一幕，大为吃惊，但已无可奈何。

戴高乐逃亡前一天晚上去看望刚卸任的总理雷诺，深夜他来到英国大使坎贝尔下榻的旅馆，说明他打算在第2天到伦敦去，斯皮尔斯将军表示愿意陪同戴高乐前往。于是，他们串通合作演出了一场戏，其实，再早一点，戴高乐已看出贝当、魏刚等要投降，只有到海外去继续抵抗才是出路。他决定逃离法国，到国外重新组织力量继续抗击德国侵略者。

还在伦敦的时候，这位国防与陆军部次长就超出他的职权范围，电令预定驶向波尔多的法国轮船"巴士德号"改变航向驶往英国港口，这条船上装有从美国运来的1,000门75毫米大炮、数千挺机枪和大量弹药。这样，这批重要军火没有落入德国人手里，而重新武装了从敦刻尔克撤回的英国远征军。

▲ 1940年6月18日，戴高乐通过英国BBC向法国民众呼吁"拒绝议和，坚持战斗到底"。

　　丘吉尔早看出了戴高乐所具有的潜在价值。就在几天之前，丘吉尔在图尔初会戴高乐时，几乎是自言自语地低声说，戴高乐是个应运而生的人，他后来描述过戴高乐从法国脱险的经过，并评论道："戴高乐在这架小小的飞机里载着法国的光荣离去了。"

　　逃离法国的第2天，在英国首相丘吉尔的支持下，6月18日下午，戴高乐将军在英国广播电台发表了《告法国人民书》，他向法国人民和全世界庄严宣布：

　　"法国的事业没有失败，……法国并非孤军奋战！它不是单枪匹马！它不是四处无援法国的抵抗火焰决不应该熄灭，也决不会熄灭……"

　　戴高乐将军要求希望自由的法国官兵们和他联系，他高扬"自由法国"的旗帜，以顽强的毅力开始拯救法国的斗争。

▲ 戴高乐被雷诺政府任命为陆军部次长。

戴高乐将军的宣言激励了三千万法国人民的心灵。他们在失败的痛苦中重新昂起头来。巴黎的学生在凯旋门集会，表示他们对戴高乐的热烈拥护。

法国的贝当政府却对戴高乐将军恨之入骨，他们在法国军事法庭对戴高乐将军进行缺席审判，徒刑从4年直至死刑。在戴高乐流亡的同日，领导新政府的贝当已请求德国武装力量统帅部停战。

在贝当政府屈膝前，也象征性地开了一次内阁会议。

6月17日，时针刚过子夜零点，贝当上台后的第一次内阁会议开始了。现在，停战派主宰了政权，投降变得理所当然，冠冕堂皇。会议总共只开了10分钟，睡意朦胧的部长们一致通过决议请求德军指挥部停止军事行动。

法国真的战败了。

17日午后不久，贝当通过电台对法国人民发表讲话，他沙哑着喉咙说："今天，我怀着沉重的心情告诉你们，我们必须停止战斗。"这一广播使还在继续作战的法军士气沮丧。贝当不等德军司令部答复就发出这一号召，实际上就是下令停止抵抗。

德国人抓住这一点，立即把贝当的号召书印成传单，通过飞机等工具，在法军阵地上广为散发。德军坦克打着白旗去俘虏那些停止抵抗的法军士兵，法国大本营参谋长杜芒克将军急了，为了多少保存军队的战斗力，他不得不给部队发了一份电报："停战协定尚未签订。敌人利用白旗企图突破尚在我方防守之中的地段……各地必须全力作战，保卫祖国领土。"

贝当一意求和。17日当晚，他一夜未眠，坐在一张圈椅上，裹着一条毯子，焦急不安地等待德方的答复，表现出一副卖国贼的猴急嘴脸。然而，德国没有马上给他答复。

6月18日，贝当政府下令各部队不战而放弃所有20,000人口以上的城市。不仅禁止军队在各城市内，而且在城郊也不准进行抵抗和破坏。

贝当的卖国表演终于博得了希特勒法西斯分子的赞赏。法西斯喉舌《人民观察家报》颂扬贝当的投降政策，说他是"一贯正确的老战士，当今惟独他一人还能给法国人民带来慰藉"。

6月17日，贝当求和的消息通过西班牙传给了希特勒。约德尔部门的一个人后来写道："希特勒听到这个消息时，乐得跳了起来。我从未见过他如此开心放纵。"

那是快到当天中午时，希特勒正与其军事顾问们在"狼穴"商讨战局，忽然传来消息说，法国希望停战。听到这个消息，希特勒顾不上尊严不尊严，一拍大腿，高兴得把腿一收，支起了膝部。西方的纪录片将这一短镜头变成了长镜头，据罗伦士·斯达林斯说，这部纪录片是由当时在加拿大陆军搞宣传工作的制片人格里埃森剪接的，他利用把胶片"绕圈"的办法，把希特勒的姿势变成一系列可笑的"趾尖旋转"。希特勒的官方摄影师瓦尔特·弗朗茨将这一情景拍进了镜头。他坚持说，他只拍了8格，并把这些胶片交给了元首，"他欣喜若狂"，施洛德小姐回忆道。人们张口结舌，凯特尔却乘机拍马，"我的元首"，他笨拙地说，"您是有史以来最伟大的指挥官！"

与此同时，希特勒仍命令德军继续进攻，追击败退的法军，并占领法国各最重要的城市和战略要地。德军奉命对战败敌人继续施加压力——名誉上夺取瑟堡和布列斯特，实际上占领阿尔萨斯，特别是斯特拉斯堡，另一快速部队则从英吉利海峡向南推进，在奥尔良和纳韦尔之间强渡卢瓦尔河。

德军正朝着完全控制法国的方向急速发展。

☆　希特勒的"宽容"

接到法国政府的停战后，希特勒并不急于答复，那是因为他有他自己的算盘。首要原因是，他想利用法军已经停止抵抗的有利机会，加速全面进攻，追击败退的法军，更多地占领法国各重要地域。就在贝当发表面向全国的停战广播讲话后，希特勒命令他的军队急速向前推进，越过卢瓦尔河上游的德军很快就占领了纳韦尔，直抵瑞士边境，另一支装甲部队在3天中也推进了200公里，攻占了维希和里昂。到同法国停战谈判开始之前，德军几乎已完全控制了法国，当19日法国接到德方答复时，德军在法境的"扫荡战"已接近尾声。

6月19日，法军第10集团停止抵抗，德军顺利占领法国的海军基地布雷斯特、圣纳泽尔、南特和拉罗谢尔。

德军C集团军群的部队在"红色方案"行动的最后阶段，也抓紧时间积极进攻。贝当政府停战的消息打消了法军继续抵抗的念头，他们认为，抵抗已经无效，于是纷纷放下武器。德军得以顺利进军。

到了6月20日，只有马奇诺防线若干地段上的守备部队和孚日山区的独立总队仍在抗击德军。当天，德军出动大批飞机轰炸法国临时政府所在地波尔多。

希特勒没有急于答复法国的第2个原因，是考虑如何对待墨索里尼的领土要求问题。这位头天晚上刚从罗马乘火车赶到慕尼黑的意大利"领袖"胃口很大，尽管意军在战争最后关头才参战，而且经过一个星期的战斗仍然没有取得什么进展，但是，墨索里尼却要求由意大利占领包括法国海军在地中海最大的基地土伦港以及马赛在内的罗纳河流域，并吞科西嘉岛、突尼斯、法属索马里和法国在阿尔及利亚、摩洛哥的海军基地。除此之外，法国还应把它的全部舰队、飞机、重武器和大量的运输工具交给德、意。这些要求倘若如愿以偿，那就意味着意大利独揽地中海区域的霸权。

但是，战争是希特勒赢得的，希特勒意识到，法国政府继续留在法国领土上行使职权是必要的，"这样要比让法国政府流亡到伦敦去继续战斗的形势好得多"。此外，同一个仍然留在法国的合法政府签订协议，就可以省却直接管理这个国家的"不愉快职责"。乍一看来，希特勒的这种主张同德国坚持消灭法国这个"宿敌"的计划是自相矛盾的，特别是，他曾在5月20日扬言"只有法国把400年前

▲ 希特勒与贝当握手。

夺去的领土和其他财富归还德国人民才签订和约",这个说法和他现在的举止相违背。

然而,希特勒不得不慎重考虑当前的现实情况:法国军队虽然遭到惨败,但法国还没有被摧毁,它还有幅员广阔的殖民地及大量的人力物力,现在德国不可能立即把法国富饶的海外领地攫为己有。希特勒清楚地知道,过分苛刻的要求有可能会引起法国政府的不满和人民的抵抗,并把法国政府迁往北非。在没有解决英国这个大敌之前,希特勒还不想冒这个险,以免打乱自己的全盘计划。

于是,墨索里尼想吃掉法国大片土地的美梦破灭了。希特勒为了安抚这位伙伴,给了他一点小小好处,答应他在法意停战条约签订之前,德法之间的停战条约决不生效。这算是墨索里尼此行得到的惟一"胜利成果"了。他只好抱着空虚而苦涩的怅然心情,闷闷不乐地离开了慕尼黑。

促使希特勒慎重考虑的第3个原因,是法国的舰队。在这次战争中,法国舰队所受到的损失并不大,除了基本编成中的舰艇34艘(包括1艘巡洋舰、11艘舰队驱逐舰和7艘潜艇)之外,法国舰队仍保存7艘战列舰、18艘巡洋舰、1艘航空母舰、1艘飞机运输舰、48艘舰队驱逐舰、11艘驱逐舰和71艘潜艇,较小的船只不计在内。对于这样一支举足轻重的法国舰队,德国没有足够的海军去夺取它,如果让它投奔英国,那将会使皇家海军的力量增强2到3倍。因此,希特勒要想一个万全之策,确保这支舰队不会投入英国皇家海军舰队的行列。他想先同法国政府达成一项协议,使该舰队不再启用,其他问题,则留待将来解决。

希特勒的上述考虑并不是对法国的"宽容",而是有着深远的打算。他想要接管整个英吉利海峡和大西洋沿岸,占领直到卢瓦尔河以及瑞士边界以北的法国领土,其中包括通往西班牙的铁路,以控制与西班牙联系的铁路交通。最重要的是,德国经济学家已经草拟了一项计划,把"法国及其殖民地的一切经济资源"都置于德国的支配之下,封锁一切货船,并由德国控制所有的报纸和电台。

与此同时,贝当政府在积极配合希特勒的行动。他们担心有人在海外建立流亡政府，以控制殖民地和法国舰队，便策划了一场地地道道的欺骗、恫吓和威胁的运动，阻挠那些可能成为流亡政府首领的人到国外去。

在一般的威胁起不到作用的情况下，贝当政府制造了"马西利亚"号事件，把政府的人员一分为二，一部分迁往北非，总统、两院议长、内阁副总理随同前往，其余人员则留在法国本土。最后，在6月21日乘"马西利亚"号客船前往北非的只是30名两院议员，其中包括内政部长曼德尔，他们抵达卡萨布兰卡时，曼德尔曾打算组织一个流亡政府继续抗战，但他们被贝当政府以种种罪名软禁在船上，然后统统被押回了法国。不仅如此，贝当政府还派人恫吓想迁往北非而没有走成的勒布伦总统。6月17日，飞往英国的戴高乐也接到贝当政府的通知，要他立刻回国，不得延误。当然，聪明的戴高乐是不会答应的。

6月19日清晨，贝当政府终于等到它梦寐以求的时刻。在解决完他认为该解决的事情之后，希特勒通知法国："准备一俟得知法国代表团人员名单，就宣布停止敌对行动的条件。"

贝当早就迫不及待了。他当天上午就指定了法国停战谈判的全权代表，代表团团长是法国第4集团军群司令亨齐格将军，成员有前驻波兰大使诺埃尔、海军副参谋长勒吕克海军准将、空军参谋长贝热雷将军，以及前驻罗马武官帕里佐将军。

于是1940年6月，在阳光明媚的法兰西大地上，德国和法国就要在一个他们曾经都很熟悉的地方，签订他们新的一次停战协定了。

第 9 章

CHAPTER NINE

又见贡比涅

福煦列车旁的花岗石碑上刻着："1918年11月11日，以罪恶为荣的德意志帝国在此屈膝投降……被它企图奴役的自由人民所击败。"……傲慢专横的德国人没有做出丝毫让步，却冷酷地发出最后通牒……这是希特勒一生中最激动的时刻，谁也不会理解这胜利对他意味着什么……希特勒来到拿破仑的石棺前，他脱帽伫立，一副毕恭毕敬的样子……崩溃后的法兰西，究竟是怎样的呢？……人们会问："是谁打败了法国？"那么，就让历史老人来作答吧！

☆ 贡比涅重演历史剧

历史往往有惊人的相似之处。

1918年11月8日凌晨，一战战败的德国派出以外交大臣为首的代表团到达了巴黎东北方贡比涅森林的雷通车站。协约国联军统帅、法国元帅福煦乘坐的白色列车正停在这里。德国人一到，福煦也未与他们握手，劈头便问道："你们来干什么？先生们！"德国人回答说："我们想听听您的停战建议。"福煦傲然地说："我们没提过任何停战建议，我们很愿意继续打下去。"尴尬的德国人只得表示"无法继续打下去了"，于是福煦提出停战条件，并限令德国3日内无条件接受。11月11日，凌晨5时，德国两名代表就在贡比涅森林的"福煦列车"上签订了停战协定。

第一次世界大战以德国战败而结束。之后，胜利的法国人在森林空地上竖起了一块约1米高的花岗石纪念碑，上面用法文写着："1918年11月11日，以罪恶为荣的德意志帝国在此屈膝投降——被它企图奴役的自由人民所击败。"

22年后，又是在这片曾为法国人引以为豪的贡比涅森林里，历史向法国人开了一个莫大的玩笑，但这一次胜利者是德国人，而法国人扮演了22年前德国人所不愿扮演的角色。

许多天来，希特勒都在殚精竭虑地思考停战一事：他要邀请法国人来贡比涅森林，经受1918年法国在此地惩治战败的德国将领们时的侮辱。这个得意的想法在希特勒心中已经酝酿了一个月之久，他要在这地点捉弄法国，报德国民族的一箭之仇。最后，他的情绪有所改变：不给法国从北非那里继续打下去的任何理由，是这次停战的主要目的，但最重要的是，希特勒想要让英国人看看，在胜利之时，他会

▲ 希特勒亲临贡比涅森林，出席德法停战协议的签署仪式。

是怎样的宽宏大量。

　　停战条款展示出希特勒是个深明此道的老手。在慕尼黑，希特勒秘密地说服墨索里尼在最后签订和约之前，意大利不要对法国提出领土要求，只有法国西北部（一直到西班牙边界）将由德国人占领，其余部分将继续在贝当管辖之下。棘手的法国舰队问题需要很好地处理，因为希特勒不想让法国舰队逃往英国，雷德尔海军上将于20日问他德国是否能对法国舰队提出占有权，希特勒回答说，因为法国舰队没有挨打，所以德国海军没有这个权力，此外，法国舰队也在德国海军的活动范围之外。因此，在停战正式条款中取消了对法国舰队的一切要求：法国可以保留一部分舰队，以保护其殖民利益，其余部分要退出现役。否则这些舰只就原地不动——事实上，希特勒只希望这些船能被船上人员凿沉。总而言之，从战略来说，德国的停战条件的苛刻程度不亚于1918年强加给德国的屈辱条件，或者不亚于不久前法国预期打败希特勒后草拟的停战条件。

1940年6月21日，对法国人而言，那是一个充满羞辱的夏日。那天是星期五，太阳从浓厚的雾幕里渐渐露出灰白的脸孔，阳光淡淡地照射着已经疲倦了的，但是还在向德国军队施行阻击的法国士兵，也照射在正在搜寻面包或一点奶酪来给他们无家可归的孩子们充饥的法国主妇。他们的脸色看起来都很苍白。

德军野战司令部里，希特勒起床了。在空中健儿及陆上卫兵的森严警卫之中，他穿上了他那套上等兵的制服，用手摸了摸他那撮小胡子，拢了拢不长的头发。堂堂的德国元首，在战胜签订协定之日，为什么只穿上等兵的制服？原来希特勒誓称，在德国胜利之前他将长期穿着这套制服的。

再看元首的卫士们，个个目光炯炯，如同德国的象征双头黑鹰一般凶猛，他们在巴黎东数公里的贡比涅森林周围形成一个警戒圈，这就是行将开演的一幕历史剧的剧场。

在法国人到达贡比涅森林的前一天，按照希特勒的旨意，德国士兵把当年福煦将军的旧客车从巴黎法国国家博物馆里拖了出来，这辆客车20多年来一直代表着法兰西共和国胜利的象征，现在却烙上了失败的印记。如今，这辆客车被开到饱尝炮火洗礼的古木参天的森林里，停放在古树中间一个适当的地点，在1918年11月，据说它也曾经准确地停留在这个地点。

再走近一些便有一个帐篷，专为代表法国签署接受希特勒停战条件的代表们而设，他们从波尔多出发，在纳粹统治下的巴黎过了一夜。当法国代表到达森林里边的时候他们发现德军工程师已给他们装接好了一部电话，它可以通过战场和法国的电线连接起来，法国代表可以和在波尔多的法国政府要员直接通话。

在森林和著名的铁路交叉点的四周预先已布置了一个精悍的警卫线，他们负责保卫会议，使之不遭到意外的袭击。

6月21日中午，希特勒驱车通过法国北部云遮雾罩的公路，前往贡比涅森林，从4天前希特勒接到贝当的停战请求以来，希特勒大本营的官员为世界新闻界和摄影记者布置场地而日夜忙碌。仪仗队也整齐地排成一排，等待希特勒的到来。

希特勒今天的心情格外好，也不发脾气，他尚不急于尝试战胜者的滋味，先好好地吃了一顿午餐，直至午后3点钟他才在客车两旁的仪仗卫士的鹄立行列中缓缓走来。

在他的身后，是一群身着笔挺军服的德国高级将领，他们是戈林、布劳希奇、凯特尔、雷德尔以及帝国部长赫斯和里宾特洛甫。

德国人在离空地近300米的一座一战结束时树立的雕像前走下汽车，这座雕像上站立着象征霍亨索伦王朝的有气无力的鹰，鹰身上插着一把利剑。为了让希特勒心情舒畅一些，德国士兵特意在这鹰上覆盖了一面德国军旗。

下车的时候，希特勒表情显得异常严肃。他好像一个学美术的学生走进博物馆一般，缓缓地绕行了一周，注视着1918年议和的纪念碑，他注视着福煦的半身塑像，而就在福煦的塑像之前，希特勒的手下已给他竖起一尊他本人的塑像了。

然后元首在车厢里巡视了一周，据说元首对这车厢很爱慕。在车厢附近的花岗岩石碑前，希特勒停住了脚步，当时在场的美国记者夏伊勒这样描述道："希特勒读着，戈林也读着，大家站在6月的阳光中和一片寂静中读完了它。我观察着希特勒的脸部表情。我离他只有50米，从我的望远镜里看，好像他们站在我面前一样……他的脸上燃烧的是蔑视、愤怒、仇恨、报复和胜利。他离开了纪念碑，极力使他的姿态能表现出他的蔑视……突然，他好像感到自己的脸部表情还没有完全表达出他的感情似的，他把整个身子摆出一副与他的心情相协调的姿态。他迅速把双手搭在臀部，两肩耸起，两脚分得很开。这是一种不可一世的挑战姿态。"

希特勒先在"福煦列车"前检阅了仪仗队。然后他昂首跨进车厢，一屁股坐在

▲ 代表法国签署停战协议的亨齐格将军（右）正前往签字地点。

1918年福煦元帅曾坐过的那把椅子上。

5分钟之后，也就是下午3时30分，法国代表团姗姗来迟，他们迟到了40分钟。希特勒在车厢里接见了看起来萎靡不振但还保持着一种端庄镇定的法国代表团。希特勒在餐车里的长桌的一端坐定，接着，德军参谋长凯特尔将军开始向绷着脸的法国人宣读停战条款的序言。

希特勒亲自写下了这些话作为序言："指定贡比涅森林作为接受这些条款的地点，是为了通过这一举动恢复正义，使人们永远忘却在法国历史上并非光彩的一页、而德国人民却视为有史以来最大耻辱的那些往事。法国是在许许多多流血战斗中经过英勇抵抗后被击败的。因此，德国不打算在停战条件上或者在谈判中使如此英勇的敌人受辱。德国的惟一要求就是防止德法再战，法国应为德国对英国的继续斗争提供必要的保证条款，并使以洗雪德帝国过去所遭受的一切不公正为基本要点的新的和约成为可能……"

当凯特尔读完这12分钟的序言后，希特勒站起来和随行人员退场，凯特尔继续向法国人口授停战条件。施蒙特曾口述了德国军官退场的次序，这充分说明了希特勒的心理状态：紧跟在希特勒后面的是戈林，然后是里宾特洛甫、赫斯和哈尔德，布劳希奇最后离开。

在这以后提出的条款中，要求法国既在本土、也在殖民地和海外领地停止军事行动。为了保障德国的利益，建立了约占法国领土2/3的占领区，而只把东南部留给法国人；准许在法国本土保留一支小型陆军，它类似当年凡尔赛和约准许德国拥有的那支军队，一切超出这一范围的武器装备和各种军用物资都移交德国；法国政府已不再需要海军来保卫自己在殖民地的利益，所以全部海军必须受拘留……

谈判在继续进行，当凯特尔宣读完停战条款后，亨齐格马上对德国人说：条件太"冷酷无情"了，比1918年法国在这里向德国提出的条件苛刻得多。他要求把条款报请波尔多的法国政府，之后才能提出意见或签字！凯特尔听了这话，大声吼道："绝对办不到，你必须立即签字！"亨齐格说："1918年法国就允许德国方面和它在柏林的政府联系，我们要求给予同样的方便。"

德国人最后只好同意了法国代表团使用卧车上的电话将停战条款全文发出去，并和他们的政府进行磋商。这时，在树林后面几米远的军用通讯车中，德国翻译施奈特博士被指派窃听法国人通话的内容，他听到："是的，我是魏刚将军。""我是亨齐格，我是从车厢打电话给你的——是从你知道的车厢跟你说话。"（1918年，魏刚曾作为福煦的副官在此参加停战谈判）。在以后的几个小时内，贡比涅和波尔多之间通了好几次电话。谈判直到天黑仍然在进行……

第2天上午10时，双方谈判仍在继续，这使凯特尔越来越恼火。傲慢专横的德国人没有作出丝毫让步，大约在下午6时左右，他冷酷地向法国人发出了最后通牒：如果1小时内不能达成协议，谈判就告破裂，他将引导代表团返回德国阵地。他的讲话在法国代表团中引起了极大的骚动。当亨齐格再次和波尔多的魏刚通话以后，法国人最后只得同意在条款上签字。

1940年6月22日下午6时50分，凯特尔和亨齐格分别在德法停战条款上签字。仪式结束后，凯特尔叫亨齐格停留一会儿再走。待无他人在场时，两位将军无言地对视着，两人眼中都有泪水。凯特尔控制着自己的感情，对亨齐格如此尊严地代表他的国家的利益表示祝贺，接着，他便伸出一只手。亨齐格握了握它。

按照停战协定规定,法国军队全部解除武装并把武器交给德国,法国被肢解为两部分,法国北部约占全国3/5的富庶工业区由德军占领,法国负担德国占领军的全部费用。其他非占领区表面上由贝当傀儡政府统治,实际上整个法国完全被置于德国人的统治之下。法国从此陷入了亡国的深渊。

德国电台对签订条约过程进行了现场广播,将这些事件送回了德国。当精神不振的亨齐格一走下餐车时,那边便传来了有节奏的录音喊声："我们打,打打打,打英国！"这是戈培尔玩的花样,不管什么场合,他都要放音乐。但他这次的做法却惹恼了元首——在整个过程中,他一直在设法给人以相反的印象。

▲ 法德签署停战协定的场景。

当法国代表团从停战谈判的车厢走出去乘车离去的时候，天空下起了霏霏细雨。这时，一群德国士兵正起劲地叫喊着，开始移动那辆旧卧车——"福煦列车"。

"运到哪里去？"一个美国记者问道。

"到柏林去！"他们要把这车厢运往柏林当作展品。至于那座在1918年竖立的花岗岩纪念碑，则在两天以后，被一队德国士兵奉命用炸药炸毁了——只有福煦元帅的塑像留了下来。

这是一个令法国人民很久都不能忘怀的历史插曲。

☆ "魔鬼，魔鬼来啦！"

希特勒游览巴黎，他不是普通的观光者，也不是法国邀请的朋友，他是一个复了仇的骄傲的胜利者，"巴黎历来令我着迷。"他对雕塑家阿洛·布雷克说。希特勒承认，他长久以来就殷切期望有朝一日能参观"灯光城"，这是个艺术大都市，首先让艺术家陪他游城的原因就在于此。他确信，他定能在巴黎找到重建德国重要都市的灵感，"我想实地看看那些建筑，因为在理论上我对它们熟悉。"

那年夏天，希特勒明白地表示，他更感兴趣的是谈判而不是打仗。在法国，他的武器是劝说和把自己打扮成一位宽宏大量的胜利者，一位主动让法国分享团结和繁荣的法西斯欧洲的果实的胜利者——法西斯欧洲，这个霸权的目的，不但要使精神复活，而且要使它成为反对不信上帝的布尔什维主义的堡垒。在这场运动中，他首先采取的措施之一，是要他的部队当解放者，不当征服者。

"我不希望我的士兵在法国的行为像第一次大战后法国士兵在莱茵兰的行为一样！"他对霍夫曼说，谁要是抢劫，就当场枪毙，"我要与法国达成真正的谅解。"

这样，进入巴黎的德国部队便不敢大摇大摆，更不敢要人臣服或白吃东西，凡买东西，他们必分毫不差地给钱。在香榭丽舍大街的咖啡馆门外，他们与法国人一起喝咖啡，分享着 6 月下旬的阳光。这种相处虽然很尴尬，且常常彼此无言，互不理睬，但巴黎人的恐惧慢慢消失了——他们原以为妇女会遭强奸，商店和银行会被洗劫。现在，大家都知道了，德国军队在帮法国难民返回首都。在巴黎全城都挂满了路牌，上面画着一个怀抱婴儿的友好的德军士兵，还写着一句广告："法国人！信任德国兵吧！"

希特勒想来会为其士兵感到自豪的。他们穿得整整齐齐，说话和气甚至有点讨好。他们对妇女彬彬有礼，对男人则尊尊敬敬。在无名将士墓前，他们光着秃秃的脑袋站着，其武器仅仅是照相机。他们更像是坐假日特价火车前来的旅客，而不是刚让法军蒙受奇耻大辱的可怕的人物，这是狡猾的公共关系手段，是旨在把法国变为一个既肯干活又有生产价值的奴仆的计划的一部分。

第 2 天下午，法国人和凯特尔签订了停战文件，然后动身去意大利，和意大利人签订和约。现在希特勒该实现他的观瞻巴黎和那里的建筑的终生梦想了，他派人叫来了他欣赏的 3 位知识分子——建筑师艾伯特·斯佩尔和赫尔曼·吉斯勒，还有雕刻家阿洛·布雷克，6 月 22 日那天晚上，他们到达了布吕德佩什。吃晚饭的时候，希特勒不谈别的，一个劲只谈论明天参观的事。

次日早上 4 时，希特勒和凯特尔及一小伙大本营的人，还有穿着不协调的灰军服的宫廷建筑师和雕刻家们，秘密飞往布尔歇飞机场。6 月 23 日是明亮而炎热的一天，希特勒爬进车队里为首的一辆敞篷车，与通常一样，坐在司机身旁，其余的人坐在他身后。当他们朝第一个停留地大剧院进发时，街上渺无行人，只偶尔有个把宪兵，这宪兵有如履行公事，朝车队潇洒地敬礼。布雷克是在巴黎度过其最美妙的年华的，看到城市如此死气沉沉，他不禁吃了一惊。

在这里，用石头、钢铁和彩色玻璃建成的纪念碑，终于高高耸立在希特勒的面前，他曾从建筑百科全书上看到它，因而对他来说是非常熟悉的。他真的来到了现代化的巴罗克式建筑的歌剧院，请白头发的招待员领他看看久以忘却的小演奏厅，

▲ 希特勒和随从们走进巴黎大歌剧院。

它们的存在是他从建筑设计图上知道的。看到这一切，希特勒眼中放射出兴奋的光芒，"这是世界上最美的剧院！"他失声对随行人员喊道。他察看了包厢，发现少了一个房间，一直陪他们参观的白发老仆人，既生硬又自豪地告诉他们，这间房子多年前就没有了。"喂，你们瞧，我多熟悉这里的路！"希特勒带着小学生般的自豪说道。

在这黎明后的3个小时里，他游览了艾菲尔铁塔、凯旋门和巴黎残老军人院。艾菲尔铁塔位于马尔斯广场，为在1889年举行纪念法国大革命100周年的世界博览会而建造，由著名建筑师艾菲尔设计建成而得名。构思巧妙，技艺精湛，高300米，是当时世界最高的建筑物，也是游览胜地。巴黎的凯旋门原有两座，但位于卡鲁塞尔广场的那座已毁于1872年，希特勒观看的是位于星广场的凯旋门，这是为纪念1792年以来法国军队的光荣业绩而建造的，动工于1806年，历时30年，至1836年才完成。拱门高49.54米，宽44.82米，厚22.21米，上面装饰有许多巨型浮雕。上面还有法国著名雕刻家吕德刻制的志愿军出征歌（即马赛曲）。在拱门里面刻着在大革命以来，至第一帝国时期参加战争的386名将士和军官的名字。1920年11月11日，在凯旋门下面埋葬了一位在第一次世界大战中牺牲的无名战士，上面点着长明灯。

希特勒来到拿破仑的石棺前，他以帽捂心，鞠躬行礼，呆呆地望着那圆形的墓穴，面对法兰西第一帝国皇帝的石棺，他深深地动了心。末了，他转身对吉斯勒平静地说："我的墓由你建造。"说完，他便陷入了沉思。后来他指示鲍曼，把拿破仑的儿子的遗骨从维也纳迁至他父亲的身旁。

接着，希特勒一行来到香榭丽舍大街。

香榭丽舍大街始于1667年，当时这里种植了长排榆树，辟建了道路。到了19世纪后期，巴黎的富人逃避大都市的喧嚣，纷纷搬到这个人口稀少的西街，它成了时髦的住宅区。接着，商业和服务业都兴旺起来。

第一次世界大战后这条大街已经成为宏伟辉煌的名胜了。一位作家写道，它是汽车业、时装业、大旅馆、豪华饭店、高级咖啡馆的王国。这里算得上是全世界最著名的道路了，这条摩登的大街，是举行胜利大游行的地方，有各种俗艳的店铺和形形色色的犯罪。

希特勒一伙来此观光，这里今天店铺关门，行人稀少，一片冷冷清清、凄凄惨惨的样子。

希特勒俯视着延伸在高地下的巴黎城，"感谢命运，我终于看到了历来让我神往的巴黎的魔术般的气氛。"他说。

他来到塞纳河边。他本来要游览这条美丽的河的，这时，街头一个报贩认出了希特勒，吓得目瞪口呆，继而拔腿而逃；当他乘车穿过里尔时（他只在水彩画里见过它），一个探头窗外的妇女认出了他。"魔鬼，魔鬼来啦！"她惊呼道。他起初觉得这一幕有趣，后来他便发誓要将他这一形象从被征服者的心头抹去。

6月23日上午10时，希特勒匆匆飞回在比利时的大本营。"巴黎不是很美吗？"他说，"应该把柏林搞得比它更美。"希特勒也把布雷克拉到一边，滔滔不绝地谈论日前之所见所闻，"我爱巴黎——自19世纪以来，巴黎就是个艺术重地——就像你爱它一样。大战前，我对艺术也雄心勃勃。如果不是命运将我推入政界，我也会像你一样，在这里求学的。"当天晚上，他命令斯佩尔草拟一个彻底重建柏林的法令——一定要胜过他在巴黎所看到的一切。3天后，他签署了文件，命令帝国首都的改建于10年后即1950年完成。

希特勒走了，塞纳河却在悲泣。

美丽的塞纳河，发源于法国北部，蜿蜒曲折，注入英吉利海峡，全长776公里，穿过巴黎的河段，有好多好多的桥，约莫每隔三五百米就有一座桥。这些桥，桥面宽阔而平坦，构筑别致，风格各异，没有一座是相同的，正如世上没有完全相同的人面一样；游船进入桥孔，都要减速慢行，以便让游人饱览两岸迷人的景色。

塞纳河，巴黎人民心中的"母亲河"。往日，这里不时有漂亮的游船驶过，不

▲ 法国贝当政府在维希升起了三色旗。

▲ 希特勒会见法国亲德派总理赖伐尔。

时传来欢歌、笑语。如今，这里死一般沉寂。希特勒的到来，带给巴黎人民的灾难，比塞纳河上的桥还多；巴黎人民的痛苦，比塞纳河水还深。

意大利和法国也达成了协议。希特勒告诉布劳希奇，他相信英国很快会屈服。1940年6月25日午夜过后1小时，第1警卫连的司号兵在元首的村庄大本营的每个岗位上各就各位。希特勒坐在他征用的民舍里毫无装饰的木桌旁，和斯佩尔、他的副官们、秘书们以及私人官员一起等候着；他还邀请了两个第一次世界大战时的步兵战友和他一起——一个是绘画大师恩斯特·施密特，另一个是他的老上士，现在的纳粹党的出版业头子马克斯·阿曼。整个欧洲大地上，成千上万台收音机在收听这寂静森林中的一小块空地发出的声音。希特勒命令把餐室的灯关掉，把窗子打开。一台收音机用低低的声音不断地说着些什么。凌晨9时35分，在这规定停战生效的那一刻，司号兵吹响了停战的号角。

这是希特勒一生中最激动的时刻。谁也不会理解这胜利对他意味着什么，作为一个默默无闻的步兵，他曾战斗过4年，而现在作为一个最高统帅，他却走向了又一个胜利。过了一会儿，他打破了沉寂，他说："责任的重担……"但是他没有说下去，他似乎已经不需要说下去了。

那么，崩溃后的法兰西，究竟是怎样的呢？

1940年7月1日，贝当政府从波尔多迁至维希城。贝当这位第一次世界大战时的老英雄，从此充当起德国的傀儡。

停战协定签订后，法国被分割为两个地区：占领区（法国北部和中部）和完全依附于德国的非占领区（法国南部）。

占领区的全部经济潜力都归法西斯德国使用。占领当局除对法国进行直接掠夺外，还采取各种方法让德国资本渗入法国经济，进行全方面的掠夺。在德国人的指挥下，他们和贝当政府的副总理、海军上将达尔朗，订立了契约，原材料和机械源源不断地往德国运去了，并且在法国的工厂中，派德国人监督。

现在，达尔朗和贝当已经在江山依旧的法国领土上，建立起来一个"新秩序"

———一种灾难与耻辱的秩序。由于这两位上将住在法国南部的小城市维希,故这个政府也被称为"维希政府"。这两人都常常声称:法国工业今日尚得存在者,完全有赖于德国。但是他们不敢说出来,就是这些希特勒的定货,完全是由法国人民支付。法国每天必须向盘踞巴黎的纳粹支付4万万法郎,一年合算起来,就是1,460万万法郎,德国人便以这种款项的一部分,去购买法国工业的制造品。除此之外,法国人还要支付"战争损坏清除工作费"等等,法国傀儡政府根本无法弥补,结果造成通货的过度膨胀。

贝当希望在国内建立独裁制度后能同法西斯德国建立更密切的接触,维希政府出版过一本小册子,那里边写道:"1940年5~6月间的失败是制度的崩溃……法国应有新制度,就像每次大变革之后那样,我们当然愿意建立一种同我们的胜利者的现行制度相似的制度。"法国战败后,国内那些把贝当当作旗帜和盾牌的法西斯分子开始公开向共和制度进攻,这股势力的头子是素以反动观点著称的政客赖伐尔。

随着战争岁月的推移,维希政府变得越发无能、越发专横了。法国人民在失败的情况下,最初都把希望寄托在贝当元帅身上,把他作为未来艰难岁月中能引导他们、保护他们免受德国人之害的父辈人物,他们对他深信不疑、绝对爱戴,但是他们的领袖显然没有给他的人民提供足够的回报。

随着盟军在北非的登陆,法国舰队于1942年11月27日被凿沉,维系政权堕落到无以复加的程度。亲德派的赖伐尔留任总理,贝当日益退居幕后,或者说,他的部长们已并不把他放在眼里,他只是一个道具罢了。

从此,维希政府丧失了最后一点独立性。

从5月10日至6月17日,号称欧洲军事强国的法国,就这样在5周时间内被完全打败了。曼施坦因的构想经过古德里安和隆美尔等人的行动后,最终变成了一个堪称世界军事史上的杰作。希特勒灭亡法国的"镰割"计划有了一个很漂亮的结果。

☆ "是谁打败了法国？"

人们会问："是谁打败了法国？"那么，就让历史老人来作答吧！

此战，法军死亡8.4万人，伤12万人，被俘154.7万人；英军损失6.8万人。德军死亡和失踪约4.5万人，受伤11.1万多人。德国在此战中取得的胜利证明，法英两国虽然拥有雄厚的军事和经济潜力，但无力抵抗德军的强大进攻。法国的迅速败降，是许多因素促成的结果。从当时的军事力量对比来看，以法军为主力的盟军，无论在军队的数量上及武器配备方面都比德军略占优势。但是，他们却输了，而且输得干干净净。

法国战败的教训是深刻的，究其原因，主要有以下几点：

首先，军事上指导思想是错误的：可谓一着不慎，满盘皆输。

盟军固守第一次世界大战中法军胜利的经验，依旧认为防御是胜利的前提和基本条件，迷恋于阵地防御战。由于法国在一战中依靠筑垒阵地打消耗战最后取胜，所以，法国军界领导人认为：阵地战在未来的战争中将被更加广泛地应用。法军元帅贝当曾说："假设将全部国防线建筑堡垒，则敌人在陆地上即无法加以摧毁与超越。"法军总司令甘末林定了一条原则：健全的防御，"必须静待敌人的进攻，并在由堡垒和壕堑构成的无法突破的延伸战线前遏制住敌人。"

在此思想指导下，法军制定了以防守为主的消耗战略，即筑垒固守，坐待敌人削弱并耗尽其物质技术资源之后，伺机转入进攻，取得胜利。为此，法国不惜巨资，花了9年时间，在法、德边境上修建了长达700多公里的马奇诺防线，用以阻隔敌人。这不仅导致了法军的军事训练以防御为主，并将大量训练有素的兵力用于防守阵地，而且在法军中产生了这样一种观念：只要有坚固的阵地存在，法国便可以万无一失了。

这种思想导致了法军麻痹轻敌，斗志消沉，组织涣散，军备松懈，在敌人的进攻面前缺乏机动灵活，无所作为。

果然，当1940年5月10日德军展开进攻时，法军尚未进入战备状态，许多军官还在休假，其中包括许多高级将领。5月12日，当德军一个坦克师穿越阿登山区向前挺进时，法军最高统帅部还不相信这是真的；在一位坦克专家亲自乘飞机前往现场证实情况后，法军军官还嘲笑他没有见过坦克；当德军向法境长驱直入时，驻守马奇诺防线的重兵集团躲在工事里不知所措，甚至当德军突破"魏刚防线"直取巴黎时，他们仍按兵不动，静候挨打，直到德军快速迂回到防线侧后对其形成夹击之势时，才仓皇迎敌，结果遭到围歼，马奇诺防线也完好无损地落入敌手。可见，陶醉于一时的胜利，沉迷于消极防守战略，是使法军吃大亏的根本因素。

其次，军事思想十分保守，无视科技的发展和进步给现代战争带来的新变化、新特点，忽略了坦克机械化部队在现代化战争中的作用。

第一次世界大战中，由于法德双方都无法突破对方的防线，造成法德战场长期相持。所以，如何突破对方防线的问题开始为军事学家所重视。英国军事思想家富勒和利德·哈特提出了坦克机械化步兵和飞机联合作战的原理。因而，利用坦克装甲部队快速作战以突破对方阵地，逐渐为欧洲一些国家所重视。

德国早在20世纪二三十年代就重视研究和探讨这一理论，希特勒上台后，更加强了这方面的工作，他曾说："坦克部队和空军不仅作为进攻手段，而且也作为防御手段，其技术之高是其他力量望尘莫及的。"因而，德国非常重视坦克机械化部队和空军的建设。而法国军事领导人则抱着一战胜利的经验不放，骄傲自满，只迷信过去，不研究现在，更不去考虑将来。法国人认识不到坦克军队的作用，只是单纯地致力于阵地构筑和步兵的建设。

虽然法国的埃斯蒂安将军曾竭力鼓吹建立装甲师，戴高乐也曾大声疾呼："决不能坐视未来的敌人装备制胜的武器，而法国始终没有。"但他们的意见却得不到

▲ 戴高乐将军（右）是法军中的主战派。

应有的尊重。法国军界领导人始终认为："在战斗中，步兵是至高无上的。"而坦克是一种笨重的工具，只能作为步兵的辅助力量使用。这就使得法军在战场上缺乏机动和速度，缺乏突击力量而处处被动。

可见，在军事理论方面，法军基本上没有跳出一战的圈子，而其对手德国却处于当时世界领先地位。为此，哈特说："法军领导层的军事思想落后了 20 年。"从这方面讲，法国的失败早在交手前就注定了。

中国有句古话说：运筹帷幄之中，决胜千里之外。战争不仅仅是士兵在战斗中的对抗，也是军事统帅在智慧上的较量。如果说法军军事理论的落后使自己在战争中陷于被动的话，那么，法军统帅的无能、指挥失策则为德军入侵的成功，大开了方便之门。

盟军缺乏强大的战略预备队，贻误战机，丧失了很好的反攻机会。他们无法进

▲ 德军对不予合作的法国爱国者予以严厉镇压。

▲ 卖国求荣的贝当元帅访问法国西南部。

行有力的反击，以阻止突入的德军向纵深推进。法国的一位将军认为，这往往"使敌人能实施深远的突破，陷我军于宽大的合围并使我军数以万计的人被俘"。

其三，法军过分依赖英法军事同盟，缺乏独立防务。

为了制止德国的侵略，在法国的一再努力下，1939 年 3 月，英法结成了军事同盟，但在同盟中，法国处于从属地位。而且，由于种种原因，英国对同盟持消极态度，一直没有认真履行过盟国的义务。而法国却对这样一个同盟寄予过高的希望，甚至放弃了独立自主的原则，将法国的安危寄托于英国的支持与提供保证之上。连前法国总理达拉第也埋怨道："法国将军总是把法国行动的可能性与盟国活动的可能性混为一谈。"结果在关键时刻，法国被抛弃，陷入被动、孤立的局面。最后，连英军司令戈特也不得不承认："在法国急需英国援助的紧要关头，我们的远征军却撤出了战场。"

其四，追根溯源，还是绥靖政策铸成大错，使得法国人自食其果。

对德国法西斯的侵略扩张，法国一味躲避退让，甚至牺牲中小盟国的利益去安抚德国，以求自身的安全。甚至想坐山观虎斗，结果搬起石头砸了自己的脚。

法国的达拉第和英国的张伯伦，都是绥靖路线的著名人物，达拉第绥靖路线深深影响着法国的军队和战备。总司令甘末林，与达拉第的思想非常一致，都主张以防御为主，极力避战。雷诺对此持有异议，他说过"一个主张守势的将军，必将大遭失败"，但当他想撤换甘末林时，达拉第以辞职相威胁，最后，只好不了了之。

正是这条绥靖路线使法国坐视德国的法西斯力量日益壮大而终于不可收拾，自己却迷信马奇诺防线，迟迟不作迎战的准备，一旦被迫迎战，就显得极其被动，物质上、精神上处处准备不足。

而执政的法国右翼力量也促成了法国的灭亡，他们宁可自己投降，也不愿看见革命爆发。更可笑的是，贝当在宣布投降时，竟不认为自己背叛了祖国，而是很自豪地"以这个国家多年来所渴望的救星自居的。"

总之，法国1940年的悲剧决非偶然，它的迅速瓦解有多方面的原因。但是，最重要的是，它显示了法德之间军事素质方面的差距，暴露了法国军事理论的落后与法军统帅的腐败无能，证明了落后就要挨打，腐败将导致国家灭亡。这是二战法国败降的悲剧留给世人的主要教训。

也许，英国军事专家利德·哈特的一段话能真正说明法军战败的原因："法军的主要弱点，不在他们的数量方面，也不在装备的素质方面，而是在他们的理论方面，他们的思想远不如对方那样的进步，根本没有跳出第一次世界大战的圈子。在历史上这样的例证太多了，胜利者每每产生保守的思想，结果遂成为下一次战争中的失败者。"

第 10 章

CHAPTER TEN

自由法国运动

丘吉尔评价道："戴高乐在这架小小的飞机里载着法国的光荣离去了。"……在法国，人们称戴高乐为"6·18 英雄"，"6·18 英雄"说："事情已经定局了吗？希望已经没有了吗？失败已经确定了吗？没有！"……在离开卡萨布兰卡之前，戴高乐草拟了一个简短的公告："这个目标就是彻底打败敌人，从而赢得法国的解放和人类自由的胜利。"

☆ 戴高乐"应运而起"

法国真的完了吗？法兰西独立自由的精神真的完了吗？

不！这里先讲一个小故事吧。当法国贝当政府逃到南方波尔多，还没有签字投降的时候，有一天傍晚，在一家咖啡馆里，前任总理赖伐尔还在对四座高谈阔论"大局"。他说："我一向主张法国应和希特勒与墨索里尼合作。"他向听众担保，如果政府听他的话，法国一定是个和平快乐的国家。

这时，一位身穿黑礼服的年老绅士打断了他的话问道："你是总理大人赖伐尔先生吗？"赖伐尔还未及回答，这位老先生伸出手来，对准赖伐尔的脸上就是一记响亮的耳光！在众人哗然纷乱之中，老先生不见了。事后听说，这位老先生的儿子是一个飞行员，在对德国的战争中已经殉国了。一个绅士尚且如此，具有斗争传统的法国人民当然不会甘心屈服了。

在法国军队当中，有个刚刚被任命为国防部次长的人，名叫夏尔·戴高乐。他在第一次世界大战中是个上尉，在凡尔登战役中，他身负重伤，被关在德国俘虏营中，战后才回国。第二次大战爆发后，他针对德国闪电战袭击波兰的教训，一再提出以机械化部队对抗机械化进攻的建议，但是都被当时法国陆军的元老们一一否定了。他是个坚决主张抵抗德国侵略的人，可是在当时的法国政府中，他是孤立的。

1940年6月17日早晨9时，波尔多机场上一片混乱，人们正在为英国特使斯皮尔斯送行，忽然从人群中闪出一位身材高大的法国将军，还没有等人们反应过来，便径直登上了引擎已经启动、正在准备腾空而起的英国飞机。这位将军便是戴高乐。

丘吉尔后来描述过戴高乐从法国脱险的经过，并评论道："戴高乐在这架小小的飞机里载着法国的光荣离去了。"

当天下午，戴高乐飞抵伦敦，开始组建法国的抵抗运动。针对贝当政府的停战求和，戴高乐于18日夜间发表广播讲话。那是一个历史性的时刻，从那以后，特别在法国，人们把戴高乐称为"6·18英雄"。

"6·18英雄"说：

> 事情已经定局了吗？希望已经没有了吗？失败已经确定了吗？没有！
>
> 法国并不孤立。它不是单枪匹马！在它的后面有一个庞大的帝国。它可以和不列颠帝国联合起来，不列颠帝国控制着海洋并在继续作战。法国可以像英国那样，充分利用美国巨大的工业资源。
>
> 我是戴高乐将军，我现在在伦敦。我向目前正在英国领土上和将来可能来到英国领土上的持有武器或没有武器的法国官兵发出号召，向目前正在英国领土上和将来可能来到英国领土上的一切军火工厂的工程师和技术人员发出号召，请你们和我联系。

他庄严地宣布"法国的事业没有失败……无论发生什么情况，法兰西抵抗的火焰决不应该熄灭，也决不会熄灭。"

那天，丘吉尔也发表了十分著名的讲演，"略举了我们毫不动摇地继续作战的决心所依据的确实理由"。他说：

"不论法国或法国政府或另外的法国政府将来如何演变，我们在这个岛上和英帝国范围里都将永远保持我们对法国人民同舟共济的感情……如果我们的奋斗换来了最后的胜利，他们也将分享胜利的果实——是的，所有的人都将重获自由。

我们决不降低我们的正当要求；我们寸步不让……捷克人、波兰人、挪威人、荷兰人、比利时人已经把他们的事业和我们的事业联合在一起了。他们都将复兴他们的家园。"

▲ 戴高乐将军（左）在一战中。

▲ 德军占领了法国敦刻尔克港口。

▲ 戴高乐从英□□潜艇中走出。

▲ 戴高乐与艾森豪威尔（右）第一次会面。

在结束他的讲话时，丘吉尔说：

"魏刚将军所说的'法兰西之战'，现在已宣告结束。我预计'不列颠之战'就要开始了……因此，让我们勇敢地承担我们的责任，我们要这样勇敢地承担，以便在英帝国和它的联邦存在一千年之后，人们也可以说：'这是他们最光辉的时刻。'"

他们两人的讲演一度使反法西斯的英法听众热血沸腾。

在6月18日发表广播讲话之后，戴高乐就开始着手他拯救祖国的努力。当天他打电话给波尔多，表示愿意继续进行已经开始的关于美国战争物资的使用、德国俘虏的处理以及迁往北非的运输等问题的谈判，但回答他的是一个召他马上回去的电文。6月20日他写信给魏刚，叫他来领导抵抗运动，但魏刚已投降并给自已安上了一个"国防部长"的头衔，这封信于是被退回来，并在上面附了一个签条，打上了"如果退役的戴高乐上校想和魏刚将军通信，他必须通过正式的途径"的话。戴高乐随后向殖民地总督们发出呼吁，然而没有一个总督作出反响。那些高级人物基于等级观念和法统思想，有理由保持沉默。戴高乐，你在法国失败时才被授予将军衔，在官场中是无足挂齿的小人物，你想代表法国，你算老几？也许你是个野心家呢？

接二连三的挫败使戴高乐深深明白，没有武装就没有法国的未来。他说："没有宝剑就没有法国，建立一个战斗部队比什么都重要。"

戴高乐不但着手组建忠于他个人又忠于他心目中的那个法国的运动，而且开始创立一个新法国的雏形。他在伦敦设立了法国抵抗运动中心，并打出了法国国旗。6月29日，有200多名步、炮兵向戴高乐将军报到，从敦刻尔克撤退的200多人投入"自由法国"的运动……到了这个月的最后一天，海军中将米塞利埃，也来到伦敦，支持戴高乐将军，这对戴高乐是个很大的鼓舞。

7月13日，戴高乐大胆宣称："法国同胞们！请认准这一点，你们还有一个战斗的队伍存在。"7月14日法国国庆日，戴高乐在伦敦公众赞许的目光下，检阅了他的第一支队伍，随后，他率领这支队伍在福煦元帅的像前献了红、白、蓝三色花圈。同时，宣布"自由法国"投入战斗，并以"洛林十字"作为它的标志。

7月21日，首批自由法国飞行员参加了对鲁尔区的轰炸，并发表了有关这次空袭的消息。到了7月末，自由法国的现役部队发展到了7,000人。8月24日，他们荣幸地接受了英王乔治六世的检阅。这7,000人的队伍，就是戴高乐的剑，他相信，剑身淬火后，将会变得尖利无比。

英王检阅，这是承认的一种形式。其实，英国早就以一种对戴高乐更为有用的方式承认了自由法国。1940年8月7日，英国与自由法国达成了一项正式协议，这一协议通常被称为丘吉尔——戴高乐协议。这项协议是戴高乐努力建立的那个大厦的基石。

▲ "自由法国"领导下的法军与英军并肩战斗。

维希政府早已和英国断交了,丘吉尔实际上已经承认了戴高乐的初具雏形的政权。英国人民,从王室成员到普通百姓,一直向自由法国人士表示友好情谊。当伦敦的报纸报道维希政府判处戴高乐死刑并且没收其财产时,马上就有大量的金银财宝不具名地留在了戴高乐居住的卡尔顿花园,还有十几个不知名的寡妇把她们的结婚戒指也寄来了,她们贡献了她们的黄金,来为戴高乐的解放事业服务。

戴高乐怀着钦佩的心情,描述了英国在普遍预感到德国将会入侵时所呈现的蓬勃气氛,而这种气氛在1940年战前的法国是看不到的。戴高乐说:"看到每一个英国人似乎都把救亡图存视为己任,的确令人称羡不已。"

英国皇家空军的年轻飞行员也在准备迎击德国人的进攻,英国人在四处修建防空洞。1940年8月的一天,丘吉尔在契克斯会见戴高乐时向空中挥动着紧握的双拳喊道:"他们永远不来了吗?"在随后的讨论中,丘吉尔说,戴高乐现在可以明白他当时为什么不让英国战斗机留在法国了吧。但戴高乐在这一点上也丝毫不让步,他反唇相讥道:如果英国战斗机留在法国,法国也许可以打下去,并继续在地中海作战。然而丘吉尔却着眼于更长远的目标,他当时的想法是,一旦德国人开始轰炸英国城市,美国就会受到震动从而放弃中立,支援法国。

若干年后,戴高乐重提这些事时,冷静地写道:丘吉尔先生和我都不偏不倚地从这一系列毁灭西方的事件中,得出一个平凡的然而是最后的结论:到头来不列颠是一个岛国,法国是大陆的一角,而美国则是另一个世界。

☆ 不是结束,而是开始

"事情已经定局了吗?希望已经没有了吗?失败已经确定了吗?没有!"

戴高乐的声音震撼着3,000万法国人民的心灵。在他的旗帜下,集中了来自各

▲ 戴高乐在检阅"自由法国"的年轻士兵。左边第二人为戴高乐之子。

▲ 1945 年 6 月 14 日，戴高乐率领"自由法国"的领导成员走过凯旋门。

方的法国自由战士，在战败德国法西斯的斗争中作出了重要贡献。

人们从四面八方投入戴高乐"自由法国"的运动。有的从法国绕道西班牙逃到英国，有的从北非经直布罗陀海峡投奔而来。集中在白城的2,000名敦刻尔克伤员中，有200名决定投靠"自由法国"。一个从地中海东部地区陆军中分拨出来驻守塞浦路斯的殖民地营，也聚集到自由法国的旗帜之下。6月底，有一个渔船队把不列塔尼沿岸塞纳岛上所有身强力壮的男人都运到了科尼什海岸。

"自由法国"总部设在泰晤士河畔的一座大厦里。戴高乐将军筹建了法国民族委员会和武装力量，在简陋的办公室里他接待从各地来的关心"自由法国"的人们。

1940年8月，戴高乐将军率领一支英、法联合舰队向法国进攻，不幸失败，但戴高乐将军并不屈服，他以顽强的精神继续战斗。

之后，为了长远计议，戴高乐将军又在非洲建立了一个可靠的作战基地和精干的行政机构，并出版了"自由法国"的报纸。他派出代表团，深入法属西非和赤道非洲，成功地使这些地区加入了"自由法国"。9月，法属大洋洲和印度支那宣布支持戴高乐。10月，戴高乐在布拉柴维尔成立了"保卫帝国委员会"。到了1940年年底，他已经控制了约1,200万人口的地区。

"自由法国"的军队成立伊始，便加入了反法西斯战争的行列，并且取得了可喜的胜利。

1941年9月24日，戴高乐为了进一步加强反法西斯的战斗力，正式成立了民族委员会，领导"自由法国"。"自由法国"的行政机构——"法兰西民族委员会"成立，戴高乐自任主席。随即得到英、苏等国的承认，"自由法国"的影响进一步扩大。

戴高乐在发展"自由法国"的同时，注重同国内的各抵抗组织建立联系，表示全力支持国内的抵抗运动。这样，国内抵抗运动也就成为"自由法国"的强大支柱。

随着抵抗运动的壮大，戴高乐于1942年7月13日将"自由法国"改为"战斗法国"。

▲ 1943 年 1 月，卡萨布兰卡会议上戴高乐与罗斯福、丘吉尔和法国吉拉德将军合影。

FRANCE 二战经典战役全记录
梦断马奇诺

1943 年 1 月 22 日，戴高乐和英国、美国的领导人在卡萨布兰卡举行了会谈。这次会谈对于戴高乐的事业而言，相当重要。事过若干年后，罗斯福政策的主要执行者罗伯特·墨菲写道，他认为戴高乐在卡萨布兰卡会议上赢得了"未宣告的胜利"，他把这个胜利看作是"戴高乐的计划向前迈进的一大步，这个计划将保证法国最大可能地分享盟国所取得的胜利果实，包括全面恢复法兰西帝国"。

那一次，离开卡萨布兰卡之前，戴高乐草拟了一个简短的公告，他没有让盟国知道内容，最后的定稿是这样的：

> 我们会见了。我们会谈了。我们注意到了我们所要达到的目标是完全一致的，这个目标就是彻底打败敌人，从而赢得法国的解放和人类自由的胜利。
>
> 与所有盟友并肩作战的全体法国人在战争中团结一致，将会达到这个目标。

1943 年是第二次世界大战出现根本转折的一年。对"战斗法国"来说，取得了同样的可歌可泣的战绩。在盟军实施"火炬"计划期间，法军始终参加战斗，为结束在北非的战争作出了应有的贡献。1943 年 9 月 8 日，意大利投降。9 日，科西嘉岛暴发起义，戴高乐立即派遣 6,000 多人的军队进行支援，经过 20 多天的血战，于 10 月 4 日解放科西嘉全岛。

1943 年 5 月，共产党等 16 个政党团体在法国国内共同组建了全国抵抗运动委员会，戴高乐派往国内的代表让·穆旦担任第一届主席。到 1944 年 3 月，法国国内各抵抗组织的武装力量联合为统一的内地军，戴高乐将军的将士们对德军进行着英勇的战斗。

1944 年 6 月，苏联红军解放了波兰，盟军从诺曼底登陆后向法国挺进。6 月 3

日，法国临时政府克服重重困难，终于在阿尔及利亚正式成立。戴高乐宣布他将以临时政府首脑的身份重返法国。此时，戴高乐已拥有一支38万人的地面部队、500架飞机、32万吨的海军舰队，完全有能力配合盟军光复被法西斯德国占领达4年之久的祖国。

1944年6月6日，盟军实施"霸王"作战计划，盟军在法国北部的诺曼底地区开始登陆，开辟了反法西斯的在欧洲的第二战场，从此法西斯德国腹背受敌。随后，戴高乐领导的法国军队也投入了战斗。

在盟军登陆的同时，1944年8月19日，巴黎爆发武装起义。8月20日，戴高乐将军率领"自由法国"的部队随同盟军向巴黎挺进。他的军队受到了法国人民热烈的欢迎。戴高乐将军和千百万法国人民一起奋起战斗，武装起义解放了巴黎。他们配合同盟军作战，立下了不可磨灭的功勋。8月30日，戴高乐宣布法兰西共和国临时政府开始在巴黎施政。

1945年5月，德国投降，戴高乐以法国临时政府的名义，和盟军一起接受德国投降。法国解放了，法国的政权重新回到了法国人的手里。

是的，法国的事业没有结束，这才刚刚开始呢！